Anonymous

Die Bau- und Kunstdenkmäler von Westfalen Kreis Lüdinghausen

Anonymous

Die Bau- und Kunstdenkmäler von Westfalen Kreis Lüdinghausen

ISBN/EAN: 9783743426818

Hergestellt in Europa, USA, Kanada, Australien, Japan

Cover: Foto ©Thomas Meinert / pixelio.de

Manufactured and distributed by brebook publishing software (www.brebook.com)

Anonymous

Die Bau- und Kunstdenkmäler von Westfalen Kreis Lüdinghausen

Die
Bau- und Kunstdenkmäler

von

Westfalen.

Herausgegeben

vom

Provinzial-Verbande der Provinz Westfalen,

bearbeitet

von

A. Ludorff

Provinzial-Bauinspektor und Konservator.

———

Münster i. W.
Kommissions-Verlag von Ferdinand Schöningh, Verlagsbuchhandlung in Paderborn.
1895.

Die
Bau- und Kunstdenkmäler

des

Kreises Lüdinghausen.

Im Auftrage des Provinzial-Verbandes der Provinz Westfalen

bearbeitet

von

A. Ludorff

Provinzial-Bauinspektor und Konservator.

Mit geschichtlichen Einleitungen

von

J. Schwieters

Kaplan in Herbern.

Münster i. W.

Kommissions-Verlag von Ferdinand Schöningh, Verlagsbuchhandlung in Paderborn

1893.

Vorrede.

Die Mehrzahl der preußischen Provinzen hat die auf Anregung des Staates seit einigen Jahrzehnten begonnene Aufstellung und Veröffentlichung der sogenannten Denkmäler-Inventare bereits abgeschlossen. Die Provinz Westfalen nahm zwar als eine der ersten diese Arbeiten in Angriff, blieb jedoch in der Fortführung derselben bedeutend zurück. Bis vor vier Jahren lag die Leitung der Arbeiten in den Händen des westfälischen Provinzial-Vereins für Wissenschaft und Kunst zu Münster, der in der Zeit vom Jahre 1875 bis 1888 zwei Kreise: Hamm[1] und Warendorf[2] veröffentlicht hat.

Seit vier Jahren hat der Provinzial-Verband von Westfalen die Ausführung übernommen. Außer dem Unterzeichneten sind dabei thätig, insbesondere bei der Anfertigung der photographischen und zeichnerischen Abbildungen, der Architekt Batten und der Zeichner Leven. In jedem Jahre werden die Inventare von zwei bis drei Kreisen aufgestellt und sollen die Veröffentlichungen möglichst schnell nach einander erfolgen.

Im Allgemeinen bezwecken die Inventarisationen die Erforschung, den Schutz und die Erhaltung aller durch Kunstwerth und Eigenthümlichkeit sich auszeichnenden Denkmäler. Sie streben danach, die Denkmäler, welche durch Baufälligkeit, Bedürfniß, Restauration, Veränderung u. s. w. sich verändern oder abhanden kommen, in Wort und Bild der Nachwelt zu überliefern. Sie bieten für die Entwickelung der staatlichen Denkmalspflege eine sichere und wesentliche Grundlage. Insbesondere wollen die westfälischen Inventare dem kunstgeschichtlichen Forscher für Spezialstudien und eingehendere Untersuchungen einen allgemeinen Ueberblick über die geschichtliche und kunstgeschichtliche Entwickelung eines Kreises unter Angabe der ihm etwa zu Gebote stehenden Quellen und in knapper, katalogisirender Weise ein Verzeichniß der vorhandenen Denkmäler verschaffen.

[1] Nordhoff, Kunst- und Geschichtsdenkmäler von Westfalen Stück I, 1880.
[2] Derselbe, desgleichen Stück II, 1880.

Die kurze Beschreibung der letzteren soll durch eine möglichst reiche Beigabe von Abbildungen unterstützt werden, um den Fachgelehrten und Künstler sowohl, wie den Handwerker in den Stand zu setzen, sich über die Beschaffenheit eines Gegenstandes gleich auf den ersten Blick zu belehren, um insbesondere dem ausübenden Handwerker und Künstler des Kreises zu zeigen, wo er für sein Schaffen mustergültige Vorbilder in seiner unmittelbarsten Nähe finden kann.

Für die Eingesessenen eines Kreises wird mithin eine möglichst große Zahl von Abbildungen ganz besonderes Interesse haben. Um dieses Streben nach einer reichen bildlichen Ausstattung zu unterstützen und namentlich den größeren Schwankungen unterworfenen Privatbesitz in gleicher Weise wie den öffentlichen Besitz zu behandeln, gewähren die Kreise zu den Kosten der Herstellung von Abbildungen erhebliche Beiträge. Der Kreis Lüdinghausen hat einen solchen in Höhe von 3000 Mark bewilligt. In Folge dessen tritt eine bedeutende Ermäßigung des Ankaufspreises ein, so daß sich auch die Unbemittelten leichter in den Besitz des Buches setzen können.

Die westfälischen Denkmäler-Verzeichnisse werden zunächst nur die christliche Zeit berücksichtigen und auch diese nur bis zum Ende des 18. Jahrhunderts. Es ist beabsichtigt, die vorchristlichen Zeiten für ganz Westfalen in einem späteren Bande zu bearbeiten. Ebenso wird eine allgemeine, die ganze Provinz umfassende, kunstgeschichtliche Abhandlung, nebst einer Uebersicht der Geschichte Westfalens — letztere von Professor Dr. Finke — als Schlußband dem letzten Bande der Inventarisationswerke folgen.

Jedem Inventar ist eine historische Einleitung vorausgeschickt, welche den ganzen Kreis betrifft. Es folgen derselben noch besondere geschichtliche Abhandlungen für die einzelnen, alphabetisch geordneten Gemeinden. Für das vorliegende Werk hat Herr Kaplan Schwieters in Herbern diese Bearbeitungen übernommen.

Die Denkmäler, z. B. die vorhandenen Inventarstücke einer Kirche sind nur in soweit aufgeführt, als es für ein Denkmäler-Verzeichniß von einiger Wichtigkeit erschien. Minderwerthige und moderne Kunstgegenstände sind bei der Aufzählung, Beschreibung und Abbildung übergangen[1].

Die Grundrisse sind sämmtlich im einheitlichen Maßstabe 1:400, die Situationspläne in 1:2500 mit der Ostrichtung nach rechts in den Druck eingefügt.

Die neuen Veröffentlichungen werden den vom Provinzial-Verein herausgegebenen im äußeren Formate möglichst gleichkommen.

---

[1] Es muß zugestanden werden, daß durch den reicheren Zufluß von Geldmitteln in vereinzelten, namentlich den Privatbesitz betreffenden Fällen auch Gegenstände von geringerem Werthe durch Abbildung veröffentlicht werden, deren Erwähnung im Verzeichnisse unter anderen Umständen genügt haben würde.

Auf Grund von Anbietungsverfahren wurde die Herstellung der Lichtdrucke der Firma Römmler & Jonas in Dresden, die der Clichés¹ und des Druckes der Firma Dr. E. Albert & Co. in München übertragen.

Um durch Einstellung der großen Menge von Clichés in den Text die Uebersichtlichkeit desselben nicht allzusehr zu beeinträchtigen, sind die meisten Clichés zu Tafeln zusammengestellt worden und haben im Verein mit den Lichtdrucktafeln eine fortlaufende Nummerirung erhalten. Je nach Belieben lassen sich diese Bildtafeln daher entweder an den betreffenden Stellen in das Werk einfügen, oder sie können für sich zu einem Bilder-Atlas vereinigt werden.

Münster i. W., Weihnachten 1892

Ludorff.

---

¹ Die Unterlagen für die überwiegende Mehrzahl der nach Zeichnungen hergestellten Clichés sind unter Anwendung des „photoautographischen" Zeichenverfahrens angefertigt worden. Eine nähere Erläuterung desselben enthält der nachstehende Auszug nebst Bericht:

Auszug aus der Patentschrift Nr. 64238.

Nach einer photographischen Negativplatte wird ein Abzug auf dem im Handel befindlichen Eisenblaupapier hergestellt und das so erhaltene Bild alsdann mittels Blei oder guter chinesischer Tusche nachgezeichnet. Behufs Entfernung der blauen Färbung wird der nachgezeichnete Theil im Abzug zuerst in starkem Salmiakgeist so lange gebadet, bis eine hellgelbe Färbung eingetreten ist. Letztere verschwindet sodann in einem Bade von verdünnter Schwefelsäure (1:100). Die somit erhaltene Zeichnung auf völlig weißem Papier läßt sich nach Belieben ergänzen und findet Verwendung.

1. in Blei als Unterlage für Aquarelle, Gemälde u. s. w.,
2. in Tusche bei Herstellung von Vervielfältigungen auf chemigraphischem Wege (Zinkclichés)

Patent-Anspruch: Verfahren zur Herstellung von Handzeichnungen, darin bestehend, daß auf blau-saurem Eisenpapier photographische Copien hergestellt, nachgezeichnet und gebleicht werden.

Bericht.

Das photoautographische Verfahren ist die Herstellung einer Zeichnung unter Benutzung einer photographischen Negativplatte, oder die Umwandlung eines photographischen Bildes in eine Strichzeichnung.

Mit photographischer Treue läßt sich durch die Anwendung des Verfahrens das Bild eines Gegenstandes zeichnerisch herstellen, weil die Photographie selbst die Grundlage der Zeichnung bildet. Es wird nicht bloß eine absolut genaue Wiedergabe aller photographischen Linien erzielt, auch das beliebige Fortlassen nebensächlicher und das Bild störender Gegenstände, sowie die Vervollständigung des Bildes durch die für den photographischen Apparat nicht erreichbar gewesenen Theile wird ermöglicht.

Zweckmäßig ist die Anwendung in folgenden Fällen: 1 wenn es auf möglichste Billigkeit bei Ausführung von Reproduktionen photographischer Bilder ankommt. Das Verfahren gestattet die Verwendung die billigsten Reproduktionsverfahrens mittelst Zinkclichés, 2 wenn wegen mangelhafter Platten und Photographien die Anwendung der theueren Reproduktionsverfahren, welche die photographischen Positive und Negative unmittelbar benutzen, wie Autotypie, Lichtdruck-Verfahren ac., nicht ausführbar ist, 3 als Unterlage zur Herstellung von Aquarellen, Bleistiftzeichnungen ac.; 4 als Unterlage zur Oelmalerei, Stickerei ac., da für diese Fälle, in welchen Eisenblaupapier nicht anwendbar ist, die Flüssigkeit, mit welcher das im Handel befindliche Eisenblaupapier hergestellt wird, sich auf Seide, Leinen ac. auftragen und in gleicher Weise verwerthen läßt.

Außer den in der Patentschrift empfohlenen Chemikalien besitzen noch viele andere die Eigenschaft, das Entfärben und allmählige Abschwächen der blauen Copien zu bewirken.

Die praktische Verwerthung des Verfahrens dürfte sich besonders empfehlen für alle Unternehmungen zur Aufnahme und bildlichen Wiedergabe von Denkmäler-Inventarisationen, für Maler, Kunst-, Gewerbe- und Handarbeit-Schulen, für medizinische und sonstige wissenschaftliche Institute ac.

Der Patentinhaber Architekt Victor Batteux hierselbst, hat das Entfärben der blauen Copien zuerst vorgenommen. Derselbe beansprucht für die anderweite Benutzung des Verfahrens eine Entschädigung von 120 Mark im ersten Jahre und von je 60 Mark in den folgenden Jahren. . . .

Provinz Westfalen.

Kreis Lüdinghausen.

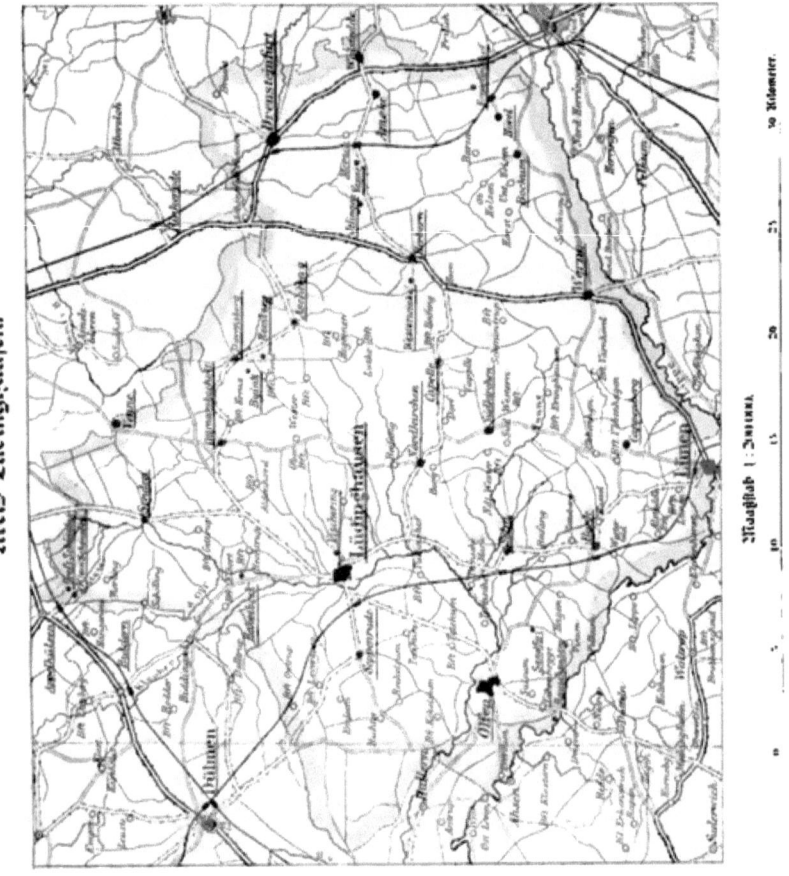

Maaßstab 1 : 200000.

 eschichtliche Einleitung.

Der Kreis Lüdinghausen liegt im südöstlichen Theile des Regierungsbezirks Münster. Derselbe reicht im Süden an die Lippe, deren jenseitiges Ufer die Kreise Dortmund[2] und Hamm berühren. Er ist im Westen von dem Kreise Coesfeld, im Norden von dem Kreise Münster und im Osten von dem Kreise Beckum begrenzt. Größe: 647 ☐ Kilometer, etwa 12 ☐ Meilen, mit rund 40 700 Einwohnern, von denen 39 900 Katholiken, 460 Evangelische, die übrigen Israeliten sind.

Der Boden ist durchgehends flach; am Westrande, in der Gemeinde Seppenrade, erheben sich die kahlen Borkenberge, die sich nach Haltern weiter fortsetzen. Durch den Süden der Gemeinde Wolfstedde, Herbern und Ascheberg ziehen sich mäßige Bodenerhebungen (Herrensteiner Knapp, Kuriker Berg, sowie Höhen in den Bauerschaften Nordick, Horn und Westerbauerschaft), welche die Wasserscheide zwischen dem Ems- und Rheingebiet bilden. Zum ersteren gehören die Gemeinden Wolfstedde, Drensteinfurt, sowie der größte Theil der Gemeinden Herbern und Ascheberg. Alle übrigen Gemeinden gehören dem Lippe- beziehungsweise Rheingebiete an. Die genannten vier Gemeinden entsenden ihr Wasser zur Ems durch die Werse, links mit dem Umlaufbach, in den Gemeinden Drensteinfurt und Herbern, durch den Emmerbach und Mühlenbach in den Gemeinden Herbern und Ascheberg. Zur Lippe fließen die Stever, links mit dem Dümmerbach, Teufelsbach, der Funne, dem Selmerbach, rechts mit dem Kleuterbach in den Gemeinden Senden, Lüdinghausen, Selm und Olfen, ferner der Düsterbach und die Horn in Werne und Herbern, die Lake in Bockum, die Geinegge in Hövel. Der Boden ist meist guter Weizenboden, nur in den Gemeinden Werne, Olfen, Seppenrade. Lüdinghausen, Senden und Denne zum Theil von geringerer Güte. In Olfen, Ottmarsbocholt und Denne gibt es ausgedehnte Haiden und Torfmoor. Holz zu Bauzwecken ist reichlich vorhanden, ebenso Material zu Ziegelsteinen; daher finden sich Ziegeleien fast in allen Orten des Kreises. Kalkbrennereien für den lokalen Bedarf sind dagegen nur vereinzelt vorhanden. Arm ist der Kreis an Bruchsteinen.

[1] G aus dem Chorbuch der Kirche zu Olfen (siehe unten).

[2] Nur mit dem Orte Altlünen greift der Kreis Dortmund über die Lippe nach Norden hinüber; die drei Bauerschaften dieser Gemeinden gehören aber zum Kreise Lüdinghausen.

In der Bauerschaft Netteberge, Kirchspiel Bork, findet sich ein guter, wetterfester Stein zu Straßen- und Wegebauten; zu Hochbauten jedoch wird derselbe wenig gebraucht, da er schwer zu verarbeiten ist. Die dunkelen, eisenhaltigen Steine der Borkenberge finden nur in der nächsten Umgebung einige Verwendung. Werksteine zum Bau von Häusern und Kirchen werden daher theils von den in den Kreisen Coesfeld und Münster gelegenen Baumbergen, theils von Ibbenbüren, Bentheim und Gildehaus bezogen. In älterer Zeit wurden zu Kirchenbauten auch die graugrünlichen, an der Oberfläche verwitternden Steine von Westönnen bei Hamm benutzt. Noch sei erwähnt, daß im Kreise Lüdinghausen die Förderung des anderweise vorkommenden Strontianit theils durch bergmännisch betriebenen Schacht- und Stollenbau, theils durch Tagesbrüche mit ziemlichem Erfolge seit einigen Jahrzehnten betrieben wird. Das vorzüglich in Zuckerfabriken verwendete Mineral kommt in den Gemeinden Ottmarsbocholt, Ascheberg, Herbern und Drensteinfurt hauptsächlich vor, und pflanzt sich von hier weiter in den Kreis Bochum fort.

Katholische Pfarrgemeinden sind im Kreise folgende: Ascheberg, Bochum, Bork, Cappenberg, Drensteinfurt, Herbern, Hövel, Lüdinghausen, Nordkirchen, Olfen, Ottmarsbocholt, Selm, Senden, Seppenrade, Südkirchen, Venne, Walstedde und Werne. Sie bilden mit Ausnahme von Cappenberg auch politische Gemeinden. Ascheberg, Lüdinghausen und Werne sind Gründungen des heiligen Ludgerus; um 850 entstand Olfen, um das Jahr 1000 Selm, Nordkirchen und Südkirchen, im 11. Jahrhundert Bork, Drensteinfurt, Ottmarsbocholt und Senden, im 12. Jahrhundert Bochum, Herbern und Hövel, im 13. Jahrhundert Venne, im 19. Jahrhundert Cappenberg[1]. Die evangelische Gemeinde zu Lüdinghausen ist ebenfalls im 19. Jahrhundert gegründet.

Politische Aemter bezw. Bürgermeistereien sind:

1. Amt Ascheberg,
2. Amt Bork (Bork, Selm und drei Bauerschaften von Altlünen),
3. Amt Drensteinfurt (Drensteinfurt, Bochum, Hövel und Walstedde),
4. Amt Herbern,
5. Bürgermeisterei Stadt Lüdinghausen,
6. Amt Lüdinghausen (die Lüdinghauser Bauerschaften und Seppenrade),
7. Amt Nordkirchen (Nord- und Südkirchen),
8. Amt Olfen,
9. Amt Senden (Senden, Ottmarsbocholt und Venne),
10. Bürgermeisterei Werne,
11. Amt Werne (die Werne'schen Bauerschaften).

Der Kreis umfaßt Theile von zwei alten Gauen; die Gemeinden Olfen, Seppenrade, Lüdinghausen und Senden gehören dem Stevergau an. Tibus[2] rechnet auch die Bauerschaft Ternsche, Kirchspiel Selm, hinzu. Sämmtliche andere Gemeinden bilden einen Theil des östlich gelegenen Dreingaus.

Der Kreis gehörte mit seinen Theilen folgenden Freigraffschaften an:

1. Freigraffschaft Sendenhorst, die außer Sendenhorst u. s. w. auch einen Teil von Drensteinfurt umfaßte. Stuhlherren waren die Bischöfe von Münster und die Grafen von Limburg; unterlehnt die von Schröder Ahlen, dann die von Büren Davensberg. Freistühle liegen nicht im Kreise Lüdinghausen.

---

[1] Tibus, Gründungsgeschichte Seite 408 f.
[2] Gründungsgeschichte Seite 824. 282.

2. Freigraffchaft Wildeshorst. Sie umfaßte Hövel, Bockum, Werne, Herbern, Walstedde, Drensteinfurt und Ascheberg (dazu Herßen, Dolberg, Rinkerode nnd Ulbersloh). Stuhlherren waren die Bischöfe von Münster und die Grafen von der Mark; unterbelehnt die Herrn zu Herßen-Drensteinfurt; diese Freigraffchaft befaß 17 Gerichtsstätten, Freistühle, im Kreise Lüdinghausen.

3. Die Freigraffchaft Wesenfort. Zu dieser gehören die Gemeinden Selm, Bork, Altlünen, die Bauerfchaft Oftik vom Kirchfpiel Werne, Südkirchen, Nordkirchen, Ottmarsbocholt und Ascheberg zum Theil (dazu Amelsbüren und Rinkerode zum Theil). Stuhlherren waren die Bischöfe von Münster und die Grafen von der Lippe; unterbelehnt die von Rechede, seit 1584 die von Morrien mit fünf anderen Theilhabern; im Kreise Lüdinghausen gab es sieben Gerichtsstätten.

4. Die Freigraffchaft Senden. Diese umfaßt vom Kreise Lüdinghausen die Orte Lüdinghausen, Senden, Seppenrade und Olfen. Stuhlherren waren die Bischöfe von Münster, welche unmittelbar ihre Freigrafen anstellten; Freistühle befanden sich sechs im Kreise Lüdinghausen [1].

Das Fürstbisthum Münster, und zwar das Oberstift, war ehemals in 11 Aemter (Verwaltungsbezirke) eingetheilt, an deren Spitze der Amts-Droste stand, und die an Größe ungefähr unseren Kreisen gleich kommen. Der Kreis Lüdinghausen besteht aus dem ganzen Amte Werne mit den Gemeinden Seppenrade, Olfen, Selm, Bork, Werne, Bockum, Hövel, Herbern, Südkirchen, Nordkirchen, Ascheberg, Ottmarsbocholt und drei Bauerschaften von Altlünen, dem Amte Lüdinghausen mit dieser einzigen Gemeinde, und aus einem Theile des Amts Wolbeck, mit den Gemeinden Senden, Denne, Drensteinfurt und Walstedde [2].

Patrimonialgerichte, meistens Beifänge genannt, gab es zu Stockum, Lenkler, Capelle, Drensteinfurt, Steinhorst bei Ascheberg, Meinhövel, Nordkirchen, Boßlar bei Selm, Rechede bei Olfen, Köstelsum ebendort, Seppenrade, Haus Lüdinghausen, Haus Wolfsberg, Haus Dischering, Haus Paßlar, Haus Groß-Schönebeck.

In den übrigen Theilen des Kreises hatte im Amte Werne der fürstbischof die Gerichtsbarkeit, das Gogericht, zusammen mit den Herren zu Davensberg. Das Gogericht über Senden und Denne nahm der Bischof Bernard von Galen im Jahre 1661 der Stadt Münster und schenkte es dem Domkapitel. Walstedde gehörte zum Gogericht Ahlen. Die Osterbauerschaft, Kirchfpiel Ascheberg, gehörte zum Gogericht Wolbeck.

Von den Orten des Kreises erhielten Drensteinfurt, Lüdinghausen, Olfen, Werne, Wigboldsrechte, und in folge deffen Stadtgerichte, die aber in Drensteinfurt und Lüdinghausen mit der oben genannten Patrimonialgerichtsbarkeit zusammenfallen [3].

Klösterliche Niederlaffungen hat der Kreis nur zwei gehabt, nämlich das Prämonstratenserkloster Cappenberg und das Kapuzinerkloster zu Werne. Nur letzteres besteht noch.

[1] Kindlinger, M. B. III Seite 2—4. Cibus, Gründungsgeschichte Seite 295. Th. Lindner, Die Deme Seite 28, 51, 56, 44; Schwieters, Geschichtliche Nachrichten über den westlichen Theil des Kreises Lüdinghausen Seite 2 — und: Geschichtliche Nachrichten über den östlichen Theil des Kreises Lüdinghausen Seite 44 und 351.

[2] Hobbeling, Beschreibung des Stifts Münster Seite 14, und Kumann Manuskripte.

[3] Hobbeling, Beschreibung des Stifts Münster Seite 14 f., Kumann, Manuskripte, Schwieters, Geschichtliche Nachrichten über den westlichen Theil des Kreises Lüdinghausen Seite 6.

Ueber die Einführung der Volksschulen in den einzelnen Orten steht urkundlich Folgendes fest: In Herbern wurde um 1600, in Ascheberg 1556, in Selm 1664, in Capelle 1675 eine Schule eingerichtet, eine solche bestand in Lüdinghausen 1598 (wahrscheinlich schon bedeutend früher), zu Nordkirchen 1473, zu Werne 1499, zu Cappenberg 1528[1]. Betreffs der übrigen Orte steht bisher urkundlich nichts fest, doch dürften Olfen und Drensteinfurt schon im 15. oder 16. Jahrhundert ihre Schule gehabt haben, ebenso Bork durch Einwirkung des Klosters Cappenberg, dem Bork inkorporirt war; die übrigen Orte sind wohl erst um 1600 mit der Einführung gefolgt. In Drensteinfurt stand die Schule im 18. Jahrhundert in besonderer Blüthe.[2]

Reicher vielleicht wie irgend ein anderer Kreis ist Lüdinghausen an Rittergütern, auf denen zum Theil stattliche Burgen standen oder noch stehen. Wir zählen nicht weniger wie sechzig. Auf acht derselben sind zur Zeit noch Adelsfamilien ansässig.

Die äußere Geschichte des Kreises fällt größtentheils mit der Geschichte des Fürstenthums Münster zusammen, indem das Gebiet des Kreises in geschichtlicher Zeit immer zu diesem gehört hat, oder sie knüpft sich an einzelne Orte des Kreises; dort wird die geeignete Stelle sein, das Wichtigste kurz mitzutheilen. Vor anderen Kreisen wurde der Kreis Lüdinghausen betroffen durch die Kriege und Fehden, in welche die münsterischen Fürstbischöfe mit den Grafen von der Mark, und diese mit der Stadt Dortmund, verwickelt waren.

Quellen und Litteratur für Geschichte und Statistik des Kreises Lüdinghausen:

H. Stangefol, Annales circ. Westphal. 1640: derselbe, Opus chronolog. et histor. circ. Westph. 1656.
J. Hobbeling, Beschreibung des ganzen Stifts Münster 1742
J. D. v. Steinen, Westphälische Geschichte, 1750—1760.
N. Kindlinger, Münstersche Beiträge, 1787—1793; derselbe, Geschichte der Familie und Herrschaft von Dolmekein 1801.
H. Kock, Series episcoporum Monast. 1800—1803.
J. Niesert, Beiträge zu einem Münsterschen Urkunden-Buche, 1823; derselbe, Münstersche Urkunden-Sammlung, 7 Bände 1826 f
L. Troß, Gert van der Schüren Chronik von Kleve und Mark, 1824; derselbe, Westphalia, Jahrgang 1824—26.
P. Wigand, Archiv für Geschichte und Alterthumskunde Westfalens, 7 Bände, 1824—1838.
J. Niesert, Münsterische Urkunden-Sammlung, 7 Bände, 1826—1837.
L. von Ledebur, Land und Volk der Brukterer, 1827; derselbe, Allgemeines Archiv für Geschichtskunde des preußischen Staates, 21 Bände, 1830—1836.
J. Ch. Lacomblet, Archiv für Geschichte des Niederrheins, 7 Bände, 1857—1870.
L. von Ledebur, Die fünf Münsterschen Gaue, 1836.
Kumann, Pfarrer in Bockum, gestorben 1856, Manuskripte in der Bibliothek des Vereins für Geschichte und Alterthumskunde zu Münster.
H. A. Erhard, Geschichte Münsters. 1837
Verein für Geschichte und Alterthumskunde zu Münster und Paderborn, Zeitschrift für vaterländische Geschichte und Alterthumskunde. 50 Bände, 1838—1892 (besonders Band: 8. 10. 13. 25. 27. 28. 39. 43. 44. 46.)
H. A. Erhard, Regesta Hist. Westphal. 2 Bände, accedu Cod. diplom. 2 Hefte, 1847—1851. (R. Wilmans, Inder dazu, 1861.)
C. von Olfers, Beiträge zur Geschichte der Verfassung und Zerstückung des Oberstifts Münster, 1848.

---

[1] Schwieters, Geschichtliche Nachrichten über den östlichen Theil des Kreises Lüdinghausen 82, 210, 222. — Ueber den westlichen Theil des Kreises Lüdinghausen 187, 442, 518. — Bauernhöfe 334; Akten im Dechanei Archiv zu Werne.
[2] Schwieters, Geschichtliche Nachrichten über den östlichen Theil des Kreises Lüdinghausen Seite 310.

A. Fahne, Geschichte der Kölnischen Geschlechter, 1848, derselbe, Westfälische Geschlechter, 1858, derselbe, Geschichte der Herrn von Hövel; derselbe, Geschichte der Dynasten von Bocholz

Die Geschichtsquellen des Bisthums Münster. Bd. I, herausgegeben von J. Ficker, 1851; Bd. III von J. Janssen, 1856.

L. Crox, Chronik der Grafen von der Mark . . des L. von Nordhof, 1858.

R. Wilmans, Westfälisches Urkunden-Buch Bd. III (Bisthum Münster enthält Urkunden von 1201—1300), 5 Hefte, 1859—1877 (Index geographicus dazu von J. Friedländer und Personenregister von J. Zander Heyden, 1881)

Kampschulte, Die westfälischen Patrozinien, 1867.

J. Friedländer, Cod Trad. Westphal. I 1872, die Heberegister des Klosters Freckenhorst.

F. Darpe, Cod. Trad. Westphal. II 1880, Die Heberegister des Domkapitels; derselbe, Cod. Trad. Westphal III 1888, Die Heberegister des Klosters Ueberwasser und Stiftes St. Mauritz; derselbe, Cod. Trad. Westphal. IV 1892, Einkünfte und Lehnsregister der Fürstabtei Herford.

A. Weskamp, Herzog Christian von Braunschweig, 1884; derselbe, Das Heer der Liga in Westfalen, 1891.

Dazu kommen die einschlägigen unedirten Akten und Urkunden im Landesarchiv zu Münster, in der Bibliothek des Vereins für Geschichte und Alterthumskunde zu Münster, und in den Archiven des Kreises selbst, die von ihrem Orte besonders angegeben werden sollen

A. Tibus, Domkapitular, Gründungsgeschichte der Stifter des alten Bisthums Münster, 7 Hefte, 1867 cf.

J. Schwieters, Geschichtliche Nachrichten über den östlichen Theil des Kreises Lüdinghausen, 1886; derselbe, Die Bauernhöfe des östlichen Theiles des Kreises Lüdinghausen, 1888; derselbe, Geschichtliche Nachrichten über den westlichen Theil des Kreises Lüdinghausen, 1891.

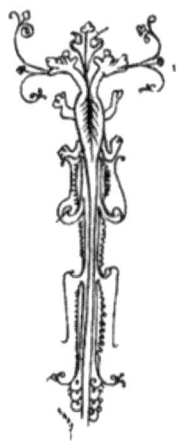

¹ Die Schlußvignetten sind den Randverzierungen eines Breviers der Schloßbibliothek zu Nordkirchen ·siehe unten entnommen.

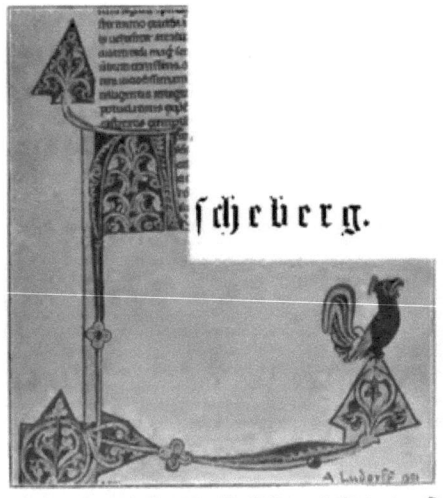

...fcheberg.

Die Gemeinde Afcheberg beſteht aus dem Dorfe Afcheberg und den Bauerſchaften Hegemer, Weſterbauerſchaft, Nordbauerſchaft, Oſterbauerſchaft und Lütkebauerſchaft. Sie iſt umgeben von den Gemeinden Drenſteinfurt, Herbern, Nordkirchen, Ottmarsbocholt und den zum Kreiſe Münſter gehörenden Gemeinden Amelsbüren und Rinkerode. Einwohner: 3200 Katholiken, 14 Proteſtanten, 4 Iſraeliten, auf 58 ☐ Kilometer.[2]

Litteratur und Quellen für Geſchichte und Statiſtik des Orts:

A. Tibus, Gründungsgeſchichte, Seite 440 f.
J. Schwieters, Geſchichtliche Nachrichten über den öſtlichen Theil des Kreiſes Lüdinghauſen. S. 64 f.
    Derſelbe, Bauernhöfe des öſtlichen Theiles des Kreiſes Lüdinghauſen. Seite 312 f.
Urkunden und Akten im Pfarr-Archiv zu Afcheberg.
Paſtor Kumann, Manuſkripte.
    Betreffs der Rittergüter die Archive der Beſitzer: Gräflich Eſterhazy'ſches Archiv zu Nordkirchen, Gräflich Fürſtenberg'ſches Archiv zu Herdringen, Gräflich Galen'ſches Archiv zu Münſter, Freiherrlich Elverfeldt-Beverförde'ſches Archiv.
Fahne, Weſtphäliſche Geſchlechter.

Der Name Afcheberg (Afcasberg, Afcarberg, Afcenberg, Afcheberg, ſchon in den Freckenhorſter und Werdener Heberollen und in der Urkunde ca. 1023. Erhard, Cod. 103[5]) iſt im erſten Theile von Af: Efche gebildet. Beim zweiten Theile iſt nicht an einen Berg zu denken, ebenſowenig, wie bei den Ortsnamen Davensberg und Romberg im Kirchſpiel Afcheberg, da die ganze Gegend flach iſt; vielmehr iſt Berg hier gleichbedeutend mit Burg (von bergen).

[1] A aus einer Bibel, Pergament-Manuſkript, der Schloßbibliothek zu Weſterwinkel. (Siehe unten.)

[2] Die Einwohnerzahl iſt dem Schematismus der Diözeſe Münſter vom Jahre 1892, die Größe aus A. Tibus, Gründungsgeſchichte, entnommen, ebenſo bei allen folgenden Gemeinden.

Die Pfarre Ascheberg ist nach Tibus eine Gründung des heiligen Ludgerus, diese Annahme stützt sich auf folgende Erwägungen und Thatsachen:

1. Werne und Lüdinghausen sind als ludgerianische Gründungen, die übrigen Pfarren aber als spätere Gründungen urkundlich bekannt. Nach der durchschnittlichen Größe der ursprünglichen Pfarren von 175 ☐ Kilometer verlangt aber das weite Gebiet zwischen Werne und Lüdinghausen noch eine ursprüngliche Pfarre, und das kann keine andere als Ascheberg sein.

2. Die herumliegenden Pfarren, nämlich Herbern, Nordkirchen, Ottmarsbocholt, Rinkerode und Drensteinfurt, lassen sich, ganz oder doch zum Theil, als Abzweigungen von Ascheberg urkundlich nachweisen.

3. Die Osnabrücker Kirche besaß die Güter Bispinghove und Haselburg in ziemlicher Nähe des Ortes Ascheberg. Auch der Stammsitz der Herren (Ritter) von Ascheberg, der in unmittelbarer Nähe der Kirche lag, scheint von dem genannten Bisthum dependirt zu haben, und sind wahrscheinlich die von Ascheberg Ministerialen desselben gewesen. Alle diese Güter aber hat der bischöfliche Stuhl zu Osnabrück nicht unwahrscheinlich von Widukind überkommen, der urkundlich auch in den benachbarten Gemeinden Herbern und Drensteinfurt Besitzungen hatte.[1] Da nun Widukind nach seinem Uebertritt zum Christenthum sehr eifrig in der Gründung von Kirchen war, so ist die Annahme nicht zu gewagt, daß er auch auf seinen Ascheberger Besitzungen die erste Kirche gegründet hat.

Patron der Kirche ist der heilige Lambertus Martyr.

In Ascheberg bestand ehemals eine uralte Prozession, die sogenannte Katharinen-Prozession, die wahrscheinlich schon an Stelle heidnischer Umzüge eingeführt wurde. Dieselbe führte durch 7 Kirchspiele, dauerte von Mitternacht bis Mittags 12 Uhr, und Menschen aus der ganzen Umgegend, oft an 10000, nahmen daran Theil.

1472 wurde der alte Kirchthurm zu Ascheberg 40 Fuß höher gebaut.[2]

1483 bestimmen der Kerker und die raidlüde über die Verwendung der vor dem alten Katharinenbilde in der Kirche dargebrachten Opfer an Wachs und Flachs.[3]

1524 wurde der Bau der Kirche des Schiffes zu Ascheberg vollendet. 1740 wurde das Chor gebaut von der Gräfin B. von Plettenberg-Nordkirchen.

1540 brannte das halbe Dorf Ascheberg ab in Folge böswilliger Brandstiftung.[4]

1634 und schon einmal früher im 30 jährigen Kriege wurde die Kirche von den Hessen geplündert.[5]

1665 hatte Ort und Kirchspiel vieles von den einquartirten Truppen des Fürstbischofs Bernard von St. Galen zu leiden.[6]

[1] Erhard, Regesten Nr. 162; Pertz, M. G. SS. II. 678.
[2] Interessante Urkunde über den bezüglichen Kontrakt mit dem Maurermeister Lambert Sweppel im Pfarr-Archiv zu Ascheberg.
[3] Urkunde ebendort.
[4] Schwieters, Bauernhöfe Seite 360. — Derselbe, Geschichtliche Nachrichten über den östlichen Theil des Kreises Lüdinghausen 77.
[5] Ebendort Seite 291.
[6] Ebendort Seite 290.

Der Stammsitz des Rittergeschlechts von Ascheberg.

Es ist von vornherein anzunehmen, daß diese Familie in dem Dorfe Ascheberg, beziehungs-weise in der alten Bauerschaft Ascheberg ihren Ursitz hatte, da nur von einem Orte Ascheberg der Name der Familie stammen kann. Wirklich läßt sich aber auch noch südöstlich vom Dorfe die Stelle der alten Burg nachweisen. Dort waren nämlich und sind noch zum Theil alte Burggräben vor-handen, dort fand man gelegentlich altes Mauerwerk, dort herum finden sich noch jetzt die Bezeich-nungen „Platz", „Burgwall" und „Borgmann" vor. Die Ritter von Ascheberg kommen von dem Jahre 1240 an verschiedentlich in Urkunden vor.[1]

Wie lange die Familie den Hof zu Ascheberg behauptet und bewohnt hat, ist nicht bekannt. Von 1400 an sind Zweige derselben zu Ichterloh, Brink, Göttendorf, Bohlar, Wolbeck, Rauschen-burg und Denne.

Als Wappen führt die Familie den Schild quer getheilt, unten gold, oben roth mit 2 goldenen Münzen.

Das Rittergut Davensberg, im Kirchspiel Ascheberg, liegt an der Landstraße Asche-berg-Ottmarsbocholt, 4 Kilometer von Ascheberg entfernt. Die Burg war ehemals von einem breiten Graben eingeschlossen; nach Südosten hin dehnte sich der weite Burgplatz, die Vorburg aus, die im weiten Umkreise von einem zweiten Graben umgeben war. 2 Brücken gestatteten unter Thorhäusern her den Zugang. Hier auf der Vorburg standen ehemals die Wohnungen der Burgmänner.[2]

Später wurden aus diesen Burgmannssitzen (7) Kötterhäuser, von denen man noch erzählt, daß die Inhaber die Burg hätten vertheidigen helfen müssen. Jetzt ist aus der ganzen Vorburg ein kleines Dörfchen geworden, denn die ursprüngliche, unweit der Burg gelegene Burgkapelle als Kirche dient. Dieselbe wurde 1510 geweiht, und 1517 die Vikarie St. Annae an derselben gestiftet. Die weite Umgegend von Davensberg zwischen den Orten Ascheberg, Ottmarsbocholt und Senden, die sogenannte Davert, ehemals eine öde Wald- und Heidegegend, galt dem Münsterländer als Sammelplatz alles Unholden, alles Spuck- und Geisterhaften und als Verbannungsort der Seelen ruchloser Menschen.

An das Rittergut Davensberg war das halbe Gericht über das Amt Werne geknüpft; mit dem Gericht war auch der Blutbann verbunden. Die Gerichtsverhandlungen wurden auf einem der Thorhäuser abgehalten. Der untere Raum in dem noch vorhandenen Thurme, wo noch jetzt eine Pritsche mit einer Vorrichtung zum „Stocken und Blocken" der Verbrecher sich befindet, diente als Gefängniß. Ein Galgen stand noch vor 100 Jahren auf dem Kenneberge. Im 16. oder 17. Jahr-hundert wurden hier viele Hexenprozesse verhandelt und manche Todesurtheile gefällt. Der Pastor von Ascheberg hatte die Delinquenten zum Tode vorzubereiten und erhielt herkömmlich dafür (Thaler Jura. Die letzte Hinrichtung soll um 1780 an einem gewissen Schröder aus Uhlen stattgefunden haben. 1779 wurde noch die Scharfrichterstelle neu „verpachtet".[3]

[1] J. van der Beyden, Personenregister zu Wilmann, Urkunden-Buch, Urbar Ascheberg. Fahne, Ge-schichte der westphälischen Geschlechter: von Ascheberg.

[2] In einer Urkunde von 1289, Allerheiligen, kommen als Zeugen folgende Davensberger Burgmänner vor: Govelinus miles de Asenberge, Hermann, Gerlacus, Bernardus frater de Davensberge, Gerlagus de Horne, Gerardus de Alen, Albertus de Dranten, Fredericus de Pikenbroke, Johannes Cule, Jacobus de Strabort famuli. Zeitschrift für Geschichte und Alterthumskunde XXV. Seite 245.

[3] Gerichtsakten im Gräflichen Eberharz'schen Archiv zu Nordkirchen. Schwieters, Geschichtliche Nachrichten über den östlichen Theil des Kreises Lüdinghausen Seite 55 und 151.

Die ältesten urkundlich bekannten Besitzer von Davensberg waren die Ritter von Meinhövel, genannt von Davensberg. Sie stammten wahrscheinlich von dem Hause Meinhövel bei Nordkirchen. Im Jahre 1261 findet sich zuerst Herimannus de Davensberge. (Schild quer getheilt, oben 3 Münzen.) Gerburg von Davensberg 1320 mit Berthold von Büren verheirathet, brachte diesem das Gut zu. 1357 wurde Davensberg von dem Bischof Ludwig zerstört, doch später wieder aufgebaut. 1363 nahm Bischof Florenz den Berthold von Büren als dioceseos hostem gefangen, und behielt einen Theil seiner Herrschaft für das Land im Besitz. 1510 baut Johann von Büren die Kapelle zu Davensberg. Er war 1535 Feldherr des Belagerungsheeres vor Münster. Melchior von Büren machte der Domherr zu Münster Heidenreich von Ascheberg, womit der Stamm erlosch, Byink mit den Nebengütern an Bernard Engelbert von Beverförde-Werries. Der letzte dieses Stammes, „der tolle Werries", starb 1780. Er vererbte alle seine Güter an Friedrich Clemens, den Sohn seines Vetters Karl Friedrich von Elverfeldt, mit dem Bedinge, daß er Namen und Wappen des Erblassers annehme. Dieser und die Nachkommen, die noch in dem Besitz von Byink sind, nennen sich deshalb von Elverfeldt-Beverförde.[3]

Um 1590 starb der Mannesstamm der von Büren aus, und Davensberg kam durch Erbschaft halb an von Wolf-Füchteln, halb an von Morrien-Nordkirchen. Nachkommen von Schwestern des letzten von Büren zu Davensberg. 1694 erwarb der fürstbischof Christian Friedrich von Plettenberg die von Wolff'sche Hälfte von Davensberg käuflich und vereinigte sie mit Nordkirchen.[1]

Das Rittergut Byink liegt in der Nordbauerschaft, in der Nähe von Davensberg.[2]

Die ältesten bekannten Besitzer waren die Herren von Ascheberg. Heinrich von Ascheberg war um 1400 Besitzer der Güter Ichterloh, Byink und Göttendorf; ebenso sein Sohn Dietrich, der mit Kunigunde von Landsberg-Erwitte vermählt war. Dessen drei Söhne, Hermann, Johann und Klaus theilten unter sich die elterlichen Güter; Klaus erhielt Byink und wurde Ahnherr der Linie von Ascheberg. 1693 vermachte der Domherr zu Münster Heidenreich von Ascheberg, womit der Stamm erlosch, Byink mit den Nebengütern an Bernard Engelbert von Beverförde-Werries. Der letzte dieses Stammes, „der tolle Werries", starb 1780. Er vererbte alle seine Güter an Friedrich Clemens, den Sohn seines Vetters Karl Friedrich von Elverfeldt, mit dem Bedinge, daß er Namen und Wappen des Erblassers annehme. Dieser und die Nachkommen, die noch in dem Besitz von Byink sind, nennen sich deshalb von Elverfeldt-Beverförde.[3]

Das Rittergut Romberg liegt an der Landstraße Ascheberg-Ottmarsbocholt $2^1/_2$ Kilometer von Ascheberg. Die ältesten bekannten Besitzer des Gutes waren die Herren von der Leithe, Leythe. Die Familie führt einen quergetheilten Schild, oben gold mit zwei rothen Pferdepraemmen, unten grün mit drei silbernen Rosen. Heinrich von der Leythe, 1487—1500, wohnte zu Romberg und besaß auch Ronhagen in Kirchspiel Olfen; er war verheirathet mit Narda von Romberg; von seinen zwei Töchtern erhielt Margaretha Romberg, Jaspara Ronhagen.

Margaretha war 1494 verheirathet mit Bernard von Wolf zu Füchteln. Romberg blieb aber nicht bei Füchteln, sondern fiel als mütterliches Erbe auf den zweiten Sohn derselben, Bernard von Wolf. Dieser war mit Klara von Frydag, Erbin zu Haus Bispink im Kirchspiel Rinkerode, verheirathet, wodurch die zwei Güter Romberg und Bispink in einer Hand vereinigt wurden. Die Tochter

[1] Wilmans Urkunden-Buch Bd. III; Archiv zu Schloß Nordkirchen; Pfarrarchiv zu Ascheberg; Troß, Westphalia 1824, Seite 28 f.; Erhard, Geschichte Münsters, Seite 154; Kumann, Manuskripte; Kreisel, Adolf von der Mark, Seite 51; Ficker, Die Geschichtsquellen des Bisthums Münster I, Seite 150; Stangefol, Annales eic. Westph., Seite 141; Zeitschrift für Geschichte und Alterthumskunde (Münster) XXXIV Seite 232, 270.

[2] Schwieters, Geschichtliche Nachrichten über den östlichen Theil des Kreises Ludinghausen Seite 111.

[3] Fahne, Geschichte der Westphälischen Geschlechter, Artikel: von Ascheberg, Mittheilung des Herrn Domkapitulars Tibus in der Zeitschrift für Geschichte und Alterthumskunde 1842 S. 454 f.

Bernarda von Wolf erbte beide Güter und brachte dieselben ihrem Manne Diedrich von Galen in die Ehe. Während diese noch zu Romberg wohnten, lebten die späteren Generationen zu Bispink, und Romberg sank zu einem Pachtgut herab. Zu Bispink wurde am 12. October 1606 der spätere Fürstbischof Christoph Bernard von Galen geboren, Enkel der letztgenannten Eheleute, Sohn des Dietrich von Galen, Erbmarschalls von Kurland und Semgallen, und der Katharina von Hörde-Eringerfeld.[1]

Das Rittergut Haselburg, rechts am Wege Ascheberg-Ottmarsbocholt; jetzt verschwunden, Osnabrücker Lehen; belehnt die Ritter von Bockholt genannt von Haselburg. 1385 verkauft Arnold von Haselburg das Gut an J. von Morrien Nordkirchen; seitdem verblieb es bei diesem Hause.[2]

Das Rittergut Westerhus, links am Wege Ascheberg-Ottmarsbocholt. Münsterisches Lehen; im 14. Jahrhundert die von Walteren belehnt. 1560 verkaufte Laurenz von Fürstenberg Senden das Gut an H. von Knippink. 1718 kam es durch Kauf an die Grafen von Fürstenberg-Herdringen. Haus und Hof sind nicht mehr vorhanden.[3]

Das Rittergut Wissing, ein kleines Gut am Wege Ascheberg-Herbern, ebenfalls verschwunden. 1528 verkaufte Bischof Ludwig dasselbe an die Herren zu Davensberg. Um 1500 ist die Familie von Lünen dort ansässig. 1718 kam es mit Westerhus an die Grafen von Fürstenberg.[4]

Denkmäler-Verzeichniß der Gemeinde Ascheberg.

1. Dorf Ascheberg,

12 Kilometer östlich von Lüdinghausen.

Kirche[5], katholisch, spätgothisch.

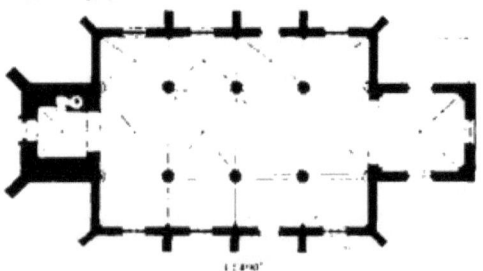

1 : 800

[1] Fahne, Geschichte des Herrn von Hövel; von der Leithe, derselbe, Geschichte der westphälischen Geschlechter; von Galen, Lössing, Fürstbischof Christoph Bernard von Galen, Seite 1. Schwieters, Geschichtliche Nachrichten über den östlichen Theil des Kreises Lüdinghausen, Seite 115, berichtigt Geschichtliche Nachrichten des westlichen Theiles, Seite 374.
[2] Akten des Gräflich Esterházy'schen Archivs zu Nordkirchen.
[3] Lehnsbuch des W. Florenz von W. Castreuus in Boislaie 1; C. A. W. Köster, Diplomatisch-praktische Beiträge I 222.
[4] Pfarrarchiv zu Hövel; Archiv zu Herdringen.
[5] Schwieters, östlicher Theil des Kreises Lüdinghausen, Seite 195. Lübke, Westfalen, Seite 267.
[6] Sämmtliche Grundrisse sind von Architekt Batteux im Maßstabe 1 : 300 aufgetragen.

Dreischiffige, vierjochige Hallenkirche, laut Inschrift über dem Südeingang von 1524, gut erhaltener Quaderbau. Der untere Theil des Thurmes älter.

Gerade geschlossener Chor nebst Sakristei auf der Nordseite desselben, Ziegelbau des 18. Jahrhunderts.

Strebepfeiler schmucklos.

Kreuzgewölbe mit Rippen und Schlußsteinen auf runden Säulen und Wanddiensten. Die Rippen im unteren Thurmgeschoß wohl gleichzeitig mit dem Choranbau.

Säulen mit unverzierten Kapitellen und achtseitigen Sockeln; letztere mit 4 cm breiten und 5,5 bis 6,5 cm hohen Steinmetzzeichen:

Längsgurte auf reichprofilirten Consolen endigend.

Fenster im Schiff spitzbogig, dreitheilig, mit reichem Maßwerk; im Chor rundbogig.

Portale der Süd- und Nordseite gerade geschlossen, das an der Westseite des Thurmes zu gothischer Zeit eingefügt, spitzbogig, mit geradem Abschluß.

Taufstein[1], spätgothisch, achteckig, mit reichem Maßwerk und schrägstehenden unteren Urkaben, 1,13 m hoch, 1,05 m oberer Durchmesser. (Abbildung Tafel 1.)

Vortragekreuz, Christus 75 cm hoch, 75 cm Armweite.

Doppelmadonna, Renaissance, von 1690, von Holz, 1,80 m hoch.

Leuchter, gothisch, von Bronze, 20,5 cm hoch
2 **Leuchter**, desgleichen, 29,5 cm hoch } (Abbildung Tafel 1.)

3 **Glocken** mit Inschriften und 1 Schlagglocke.

1. und 2. 1853 und 1855 von Boitel und Dubois umgegossen, 1,20 bezw. 1,29 m Durchm.

5. Wolterus Westerhues me fecit anno Dm. MDIII (1503). Est Catharina mihi nomen, sum fulmina pellens et jubeo mortis te meminisse tui. 1,26 Durchmesser.

Privatbesitz.

(Kaplan Meiners, zur Zeit in Haristheck Kreis Münster.)

Buchdeckel, Silber, getrieben, mit Kreuzigungsgruppe, gothisch, 25/15 cm groß. (Abbildung Tafel 2.)

Chorteller, mit Haupt Johannes des Täufers und Inschrift, 16,5/16,5 cm groß (Jodocus Vredis?) (Abbildung Tafel 3.)

Madonna, von Holz, 29 cm hoch, gothisch.

Truhe, Renaissance, 80 cm lang, 42 cm hoch, 50 cm breit. (Abbildung Tafel 4.)

Schrankfüllung mit Alliance-Wappen (von Münster zu Meinhövel und von Ripperda), Renaissance, 16. Jahrhundert, 45/30 cm groß. (Abbildung Tafel 4.)

2 **Holz-Füllungen**, Renaissance, je 54/28 cm groß. (Abbildung Tafel 4.)

(Wittwe Bole?)

Leuchterchen, von Bronze, 8,5 cm hoch, aus der Aegidiikirche zu Münster stammend(?). (Abbildung Taf. 4.)

Mörser, von Bronce, mit Inschrift: Laus deo semper, Jahreszahl 1655 und Ornamentbändern, 12,5 cm h.

(Gastwirth Bultmann.)

Brautschleier, Seide, bunt gestickt.

[1] Lübke, Westfalen, S. 378.

2. Flecken Davensberg,

11 Kilometer nordöstlich von Lüdinghausen.

a) **Kirche**[1], katholisch, gotisch.

Einschiffig, zweijochig, mit 5/8 Chor; Treppenthurm (4 Seiten des Siebenecks) und hölzerner Dachreiter im Westen; verputzter Backsteinbau.

Strebepfeiler mit Giebelabdeckungen.

Kreuzgewölbe mit Schlußsteinen und Rippen auf stark vortretenden Consolen (gleich dem Kapitell der Steinleuchter.)

Fenster ohne Maßwerk, das der Ostwand innen vermauert, darunter Nische.

Eingang auf der Nordseite.

Altaraufsatz von Stein, spätgotisch, bezw. Renaissance, 1,.. m lang, 1,.. m hoch mit 3 Reliefs, die Kreuzigung, Anbetung der heiligen 3 Könige und Geburt Christi darstellend; ersteres durch Einbau eines hölzernen Tabernakels verstümmelt. (Abbildung Tafel 6.)

2 **Steinleuchter**, spätgotisch, 2,.. m hoch, oberer Theil 9 cm Durchmesser. (Abbildung Tafel 5.)

2 **Chorstühle**, spätgotisch, bezw. Renaissance, Füllungen theilweise mit Wappen; auf der Nordseite 3,.. m lang, ohne Verdachung (Abbildung Tafel 7); auf der Südseite 2,.. m lang, mit Verdachung, 2,.. m hoch. Abbildung Tafel 8 und 5.)

Kanzel, Renaissance, 4 Seiten des 8 Ecks, oberer Theil 1,.. m hoch. (Abbildung Tafel 7.)

Kommunionbank, Renaissance, mit geschnitzten Säulchen in reicher Abwechslung, letztere 96 cm hoch. (Abbildung Tafel 5.)

1 **Glocke**, mit $\frac{C. H.}{F. M.}$ und der Jahreszahl 1674, 0,.. m Durchmesser.

[1] Schwieters, östlicher Theil des Kreises Lüdinghausen, Seite 78.

Ludorff, Bau- und Kunstdenkmäler von Westfalen, Kreis Lüdinghausen.

b) **Schloßruine**[1] (Besitzer: von Esterhazy.)

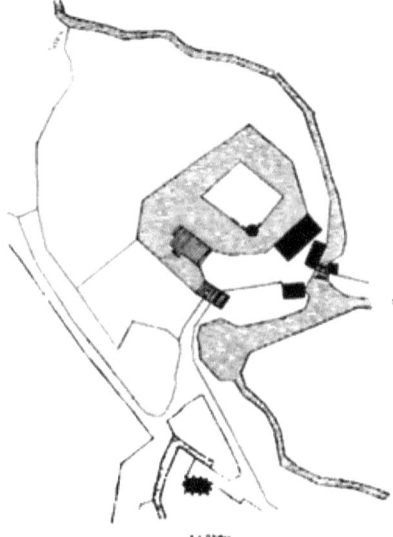

1 : 2500

Gothischer, runder Thurm mit Jahreszahl 1530 und Wappenstein: von Büren und von Noverden. Im oberen Geschosse Sterngewölbe mit Rippen.

Fenster, 2 theilig, unten Schießscharten. (Abbildung Tafel 8.)

Kamin, mit Wappen, 2,.. m hoch, 0,.. m breit, 2,.. m hoch. (Abbildung Tafel 7.)

2 Löwen als Wappenhalter, Stein, 1,.. m hoch. (Abbildung Tafel 7.)

---

[1] Schwieters, östlicher Theil des Kreises Lüdinghausen, Seite 145 ff. Nordhoff, 145, und Sternbau Westfalens Seite 217.

[2] Die Situationszeichnungen sind den Katasterplänen der Königlichen Regierungen entnommen. Die schräg schraffirten Theile sind nicht mehr vorhanden.

5. Rittergut Bspink [1] (Besitzer: von Beverförde)
11 Kilometer nordöstlich von Lüdinghausen.

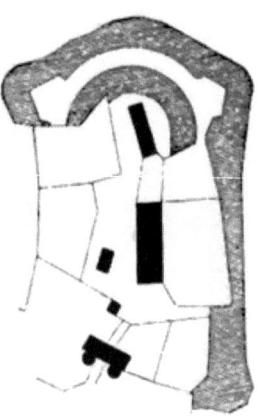

1 : 2500

Herrenhaus verschwunden.

Thorhaus, Renaissance von 1561, zweistöckiger Ziegelrohbau mit 2 halbrunden Thurmbauten, Schießscharten und Wappenstein von Ascheberg und von der Reck. (Abbildung Tafel 9.)

Oekonomiegebäude, von 1558 mit farbigem und figürlichem Ziegelschmuck.

[1] Schwieters, östlicher Theil des Kreises Lüdinghausen, Seite 141 ff. Nordhoff, Holz und Steinbau
Westfalens, Seite 327 und 330.

4. Rittergut Romberg[1] (Besitzer: von Galen)
1¼ Kilometer nordöstlich von Lüdinghausen.

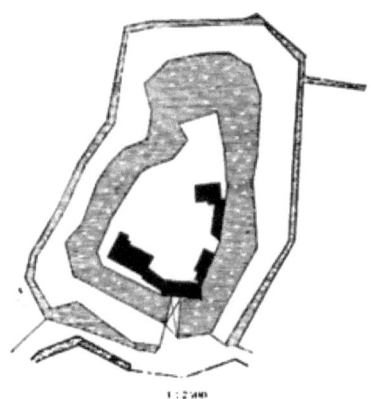

1 : 2400

Herrenhaus, Renaissance, modern umgebaut, mit Treppenthurm.
Thorgebäude mit Schießscharten.

1 Schwieters, östlicher Theil des Kreises Lüdinghausen, Seite 145 f.

Ascheberg.

Clichés von Dr. E. Albert & Co., München

Aufnahme von B. Cubach, [18]

Kirche

1 Südwestansicht; 2 Innenansicht; 3 Taufstein; 4 Leuchter.

Lichtdruck von Römmler & Jonas, Dresden.

Aufnahme von R. Loborff, 1895.

Buchdeckel (Meiners).

Ascheberg.

Lichtdruck von Römmler & Jonas, Dresden　　　　　　　　　　　　　　　　Aufnahme von H. Luberk, 1893

Thonrelief (Meiners).

Ascheberg.

Bau- und Kunstdenkmäler von Westfalen.   Kreis Lüdinghausen.

Clichés von der C. Albert & Co. München.   Aufnahme von A. Ludorff 1893.

1. Traube; 2. und 3. Füllungen Meiners; 4. Leuchterhen Bote.

Lichtdruck von k. k. Albert, München.

Aufnahme von B. Hubert, 1891.

Kirche.

Davensberg

Lichtdruck von Römmler & Jonas, Dresden.

Aufnahme von H. Luboldt 1891.

Kirche: Altaraufsatz.

Davensberg.

Aufnahme von W. Evmann.

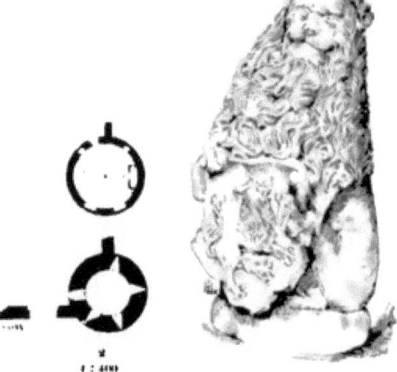

Lith-t von Dr. E. Albert & Co. München.   Aufnahme von H. Lubort, 1891.

Kirche,   **Schloßruine,**

Chorstuhl und Kanzel   1. Kamin, 2. Grundrisse des Thurmes; 3. Wappenhalter.

Davensberg

Kreis Lüdinghausen.

Aufnahmen von B. Lasch, 1913.

Kirche. Chorstuhl.

Bau u. Kunstdenkmäler von Westfalen.

Lichtdruck von Nenmann & Jäser, Dresden.

Schloßruine. (vom Oberhof).

Kreis Schinghausen.

Aufnahme von K. Echarff. 1903

Bau u. Kunstdenkmäler von Westfalen.

Rittergut: Chorhaus
(von Elberfeld-Dreerhöhe).

Lichtdruck von Römmler & Jonas, Dresden

Bockum.

Die Gemeinde Bockum ist umgeben von den Gemeinden Werne, Herbern und Hövel. Sie grenzt südlich an die Lippe, wo jenseits die Gemeinde Nordbheringen des Kreises Hamm liegt. Einwohner: 953 Katholiken, 6 Juden auf rund 15 ☐ Kilometer. Die Gemeinde umfaßt die Bauerschaften: Dorf Bockum, Merschhoven, Holsen (aus Holthusen) und Barsen (früher Barkhusen).

Der Name Bockum ist entstanden aus Buokheim, Buckheim; bedeutet somit dasselbe, wie Bockholt und Bockhorst: Buchenwald oder Ansiedelung im Buchenwalde.

Bockum, auch ehemals Langenbockum genannt, umfaßte als Bauerschaft ursprünglich das Dorf und Merschhoven, welches letztere auch als Dalbockum, Thal, Niederung an der Lippe, unterschieden wurde; später nannte man im Gegensatze zu dem entstehenden Dorfe, diesen Theil Mersch, Merschhoven (Mersch gleich Weidegrund, dagegen Geß, Geist meist höhergelegenes Ackerland).

Quellen und Litteratur:

Kemanns, Pfarrers zu Bockum, Manuskripte; von ihm auch eine Ortschronik im Pfarrarchie zu Bockum.
Amtmann G. J. Essing, Ortschronik im Amtsarchio 1830.
A. Tibus, Gründungsgeschichte Seite 621 f.
J. Schwieters, Geschichtliche Nachrichten über den östlichen Theil des Kreises Lüdinghausen, Seite 99 und 209 f. — Derselbe, Bauernhöfe Seite 105 f.

Die Kirche und das Dorf Bockum sind auf dem Grunde des Kemnadinkhofes, des Schulzenhofes der Bauerschaft Bockum, später Schulze Bockum, entstanden. Der Hof war 1263 noch in dem Besitz des Domkapitels zu Münster.[2]

Um 1300 aber waren schon die Herrn von Kinkerode zu Drensteinfurt und Heessen Inhaber desselben; bei der Gütertheilung zwischen Drensteinfurt und Heessen 1408 kam derselbe an Heessen. Daß das Patronat über die Pfarre zu Bockum nicht den Inhabern des Kemnadinkhofes, sondern den Besitzern des an der Bockumer Gemeindegrenze gelegenen Rittergutes Beckedorf zustand, könnte,

---

[1] B aus einem Pergament Manuskript der Schloßbibliothek zu Nordkirchen siehe unten.
[2] Wilmanns Urkunden Buch Seite 744; Tibus, Gründungsgeschichte Seite 622.

Laberli, Kos- und Kunstdruckatelier von Wehlau, Kreis Ludinghausen

wie Tibus meint, darin seinen Grund haben, daß die älteren Besitzer von Beckedorf, die Herren von Hövel, die aus dem nahe bei Bockum gelegenen Orte Hövel stammen, vielleicht den Kemnadinkhof von dem Domkapitel im 12. Jahrhundert in Lehnsbesitz gehabt und bewohnt hätten ("Kemnadinkhof," caminata domus, läßt auf ein Steinhaus, eine Burg schließen) und daß von diesen die Gründung der Kirche im 12. Jahrhundert ausgegangen sei. Das Pfarrgebiet ist theils von Uhlen, theils von Werne genommen. Kirchenpatron ist der heilige Stephanus.[1]

Das Rittergut Lake liegt nahe der Lippe an einem kleinen in diese sich ergießenden Flüßchen Lake; daher auch der Name: hus tor Lake. Gegenüber am jenseitigen Ufer der Lippe lag ehemals die alte Burg Heringen. Torks Platz, jetzt die Kirche von Nordherigen. Als älteste Besitzer sind die Ritter von Hövel bekannt; diese, verarmt, verkauften um 1500 das Gut an Johann von Diepenbrock zu Werne, später zu Westerwinkel. 1504 kam dasselbe an B. von Westerholt Alst, Schwiegersohn des N. von Diepenbrock, und 1610 brachte es die Erbin zu Alst, Sophia von Westerholt, ihrem Manne B. von Westerholt-Lembeck in die Ehe. Als diese Linie 1702 erlosch und die Güter den fünf Töchtern anfielen, erwarb der Graf A. von Plettenberg Nordkirchen, Miterbe, das Gut Bockum aus der Erbmasse für 15000 Thaler.[2]

Denkmäler-Verzeichniß der Gemeinde Bockum.

Dorf.

2½ Kilometer südöstlich von Lüdinghausen.

Kirche[3], katholisch, ursprünglich romanisch, gothisch umgebaut.

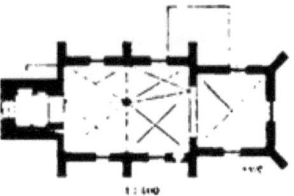

1 : 400

Zweischiffig, zweijochig, mit romanischem Thurm, gerade geschlossenem Chor und späterer Sakristei.

Das Gewölbe des Schiffs durch je 2 auf einer Säule ruhende Quer- und Längsrippen in 4 unregelmäßige Kreuzgewölbe getheilt; die Rippen letzterer, sowie die des Kreuzgewölbes im Chor auf kleinen Ed- und Wandconsolen ruhend. Das Thurmgewölbe kuppelartig mit auslaufenden Graten.

[1] Tibus, Gründungsgeschichte 400, 433.
[2] Kumann, Manuskripte; Archiv der Pastoral Hövel, Archiv zu Westerwinkel. Vergleiche Schwieters, Geschichtliche Nachrichten, östlicher Theil des Kreises Lüdinghausen, Seite 201.
[3] Schwieters, östlicher Theil des Kreises Lüdinghausen, Seite 191.

1

2

3

Stäbre von Dr. E. Albert & Co. München.

Aufnahme von J. Cobers. 1891.

Kirche,

1. Innenansicht; 2. Taufstein; 3. Sakramentshäuschen.

Fenster mit Maßwerk und mit Ausnahme des dreitheiligen, östlichen, vermauerten Chorfensters sämmtlich zweitheilig.

Je ein südlicher und nördlicher Eingang bis zum Kämpfer vermauert. Westlicher Haupteingang im Thurm romanisch.

In den Seitenwänden des Thurms je 2 dreieckig geschlossene Nischen. Kleine Nische in der Ostwand des Chors.

Südostansicht.　　　　Südansicht.

Taufstein, romanisch, etwa 12. Jahrhundert, mit schräg gestellten Arkaden unter einem Blattfries, 0,.. m hoch, 1,. m oberer Durchmesser. (Abbildung Tafel 10.)

Sakramentshäuschen[1] an der Nordwand des Chores, freistehend, viereckig, mit reichem Aufbau, 0,.. m lang, 0,.. m breit, Oeffnung 90/43 cm groß. (Abbildung Tafel 10.)

4 Glocken, in Kuhschellenform ohne Jahreszahl mit Kreuzen und Monogrammen:

0,.. 0,.. 1,.. und 1,.. m Durchmesser.

[1] In der Abbildung fehlt auf der unrichtig retouchirten Bekrönung der Pelikan.

Bork.

Bork als politische Gemeinde ist rund 57 Kilometer groß und besteht aus dem Dorf und den Bauerschaften Altenbork, Haffel, Netteberge, Ubbenhagen. Die Gemeinde ist begrenzt im Süden von der Lippe und Altlünen, im Osten von der politischen Gemeinde Werne und der Gemeinde Südkirchen, im Norden und Westen von Selm und Olfen. Die Pfarrgemeinde Bork fiel bis 1832 mit der politischen Gemeinde zusammen, trat aber in diesem Jahre die Bauerschaft Ubbenhagen und Theile von Haffel und Netteberge an die neue Pfarre Cappenberg ab; der politische Bestand blieb dabei unverändert, so daß Cappenberg, Schloß und Kirche, auch jetzt noch in der politischen Gemeinde Bork liegt. Die Pfarrgemeinde Bork hat 1830 Einwohner: 1790 Katholiken, 9 Protestanten, 31 Juden.

Quellen und Litteratur:

Chr. Didon, Lehrer, Chronik des Amtes Bork im Kreise Ludinghausen, bestehend aus den vier Pfarren Bork, Cappenberg, Selm, Altlünen, 1855.

Cibus, Gründungsgeschichte S. 131.

Schwieters, Geschichtliche Nachrichten über den westlichen Theil des Kreises Ludinghausen, Seite 442 f.

Die Gründung der Pfarre Bork fiel wahrscheinlich in die Zeit des Bischofs Siegfried 1022—1032; das Pfarrgebiet wurde von Werne genommen.[1] 1175 wurde die Kirche dem benachbarten, 1122 gestifteten, Kloster Cappenberg inkorporirt[2]; seitdem war bis zur Aufhebung des Klosters immer ein Konventuale desselben Pfarrer zu Bork; das Bild des letzten, Adolphs von der Lippe, in Prämonstratensertracht, findet sich noch, in Oel gemalt, in der Pastoral zu Bork. Patron der Kirche ist der heilige Stephanus Martyrer.

[1] B aus einem Pergament-Manuskript der Schloßbibliothek zu Nordkirchen (siehe unten).

[2] Cibus am angeführten Orte Seite 434 und 442 f.

[3] Erhard, Codex diplomat. Nr. 371.

Der Bau der jetzigen Kirche wurde 1718[1] begonnen, 1724 die Kirche geweiht und 1778 die Thurmspitze aufgesetzt. 1884 erweiterte man die Kirche durch zwei Seitenschiffe.

In der Bauerschaft Hassel 1 Kilometer von Bork liegt eine Kapelle auf dem „hilligen Knapp", welche 1723 von dem Cappenberger Probst J. E. von Ketler erbaut wurde. Bei dieser Kapelle fiel 1760 im siebenjährigen Kriege ein Gefecht vor zwischen 2000 Mann Preußen und Hannoveranern unter dem Obersten von Dinkenstein und einem französischen Corps.

Der Stammsitz des Rittergeschlechts von Bork. Die Ritter von Borc, Bork, Burk, Burch kommen ziemlich häufig in Urkunden des 12. Jahrhunderts vor. 1174 übergibt Joh. von Bork seinen Hof, auf dem er wohnt, dem Kloster Cappenberg (ohne Zweifel, um ihn als Lehen zurückzuempfangen).[1] Das Geschlecht scheint im 14. Jahrhundert erloschen zu sein. Der Stammsitz war in der Bauerschaft Bork, aus der im Verlauf sich das Dorf Bork und die jetzige Bauerschaft Altenbork bildete. Nach der Tradition lag die Burg in der jetzigen Pastoratwiese, und wurde noch in diesem Jahrhundert das Steinmaterial der Fundamente zu einem Neubau daselbst benutzt.

Das Rittergut Dahl oder Dale liegt auf dem rechten Ufer der Lippe in der Bauerschaft Altenbork, 1½ Kilometer von Bork entfernt. Von der alten Burg ist noch ein 4 eckiger Thurm und das an diesen sich anschließende Haus erhalten. Die alten Gräften sind meist trocken. Dahl soll der Stammsitz des gräflichen Geschlechts von Dale gewesen sein und dieses bis um 1180 dort gewohnt haben. Um 1300 finden wir Dahl in dem Besitz der von Münster Meinhövel (Schild quer getheilt, oben roth, unten gold). 1496 brachte B. D. von der Reck Heessen das Gut Dahl, nach dem Tode des kinderlosen Reiner Stephan von Münster, Oheims seiner Frau, an sich, indem er die Schulden ablöste und die Seitenverwandten abgütete. Seitdem ist das Gut bei Heessen verblieben und wird als Pachtgut benutzt.[2]

Das Rittergut Berge. In der anmuthigen, hügeligen Bauerschaft Netteberge liegt das Gut Berge, auf dem ein großes, zweistöckiges Wohngebäude, anscheinend im vorigen Jahrhundert erbaut, weithin sichtbar ist. Das Gut war ehemals münsterisch bischöfliches Lehen. Die ersten Besitzer waren die Ritter von Netteberge, auch von Berge genannt; sie führten als Wappen einen Herzschild im Schilde und über dem ersteren oben am Raude einen Turnierkragen.

1329 folgen die Ritter von Maleman durch Kauf; sie machen 1338 die Burg dem Fürstbischof zu einem Offenhaus. 1372 wurde dieselbe wegen Landfriedensbruch der Besitzer zerstört von dem B. Florenz; auch B. Heidenreich (1381—1392) sah sich zu solcher strengen Maßregel wiederum genöthigt. — Im Anfange des 15. Jahrhunderts folgte das Geschlecht der Herl, dann die von Elverfeldt bis um 1600. Darauf ging das Gut durch verschiedene Hände, bis es im Anfange dieses Jahrhunderts der Graf Landsberg-Velen käuflich erwarb, der es noch besitzt.[4]

---

[1] Pfarrarchiv zu Bork, Altenbork vom 22. Januar 1718, worin die versammelten Gutsherrn der Gemeinde Bork den Probst zu Cappenberg ersuchen, wegen des Kirchenbaues mit einem tüchtigen Maurermeister zu unterhandeln.

[2] Erhard, Codex diplom. Nr. 354. — vergleiche auch Dr. R. Wilmans, Index zu Erhards Reg. IIte. Westphal.; Borc; E. Zander Heyden, Pers. Reg. zu Wilmans Urkunden-Buch, Borc; Numann, Manuskripte; Schwieters, Geschichtliche Nachrichten über den westlichen Theil des Kreises Lüdinghausen, Seite 160.

[3] Schwieters, Geschichtliche Nachrichten über den westlichen Theil des Kreises Lüdinghausen; Fahne, Geschichte der Dynasten von Bocholz; von Münster; Graf von der Reke-Volmestein, Geschichte der Herren von der Reck.

[4] Kindlinger, Münst. Beiträge III 1, Seite 730 und 763; Ficker, Geschichts-Quellen des Bisthums Münster I, Seite 69. 1113; Schwieters, Geschichtliche Nachrichten über den westlichen Theil des Kreises Lüdinghausen, Seite 155; Nordhoff, Holz- und Steinbau Westfalens, Seite 247.

Denkmäler-Verzeichniß der Gemeinde Bork.

Dorf, 12 Kilometer südlich von Lüdinghausen.

Kirche[1], katholisch, Renaissance, einschiffig, fünfjochig. 1884 fast vollständig umgebaut und durch 2 Seitenschiffe erweitert.

Chor aus 5 Seiten des Zehnecks.

Thurm von den verlängerten Längsmauern des Hauptschiffs eingeschlossen.

Kreuzgewölbe zwischen Quergurten mit Rippen und Schlußsteinen.

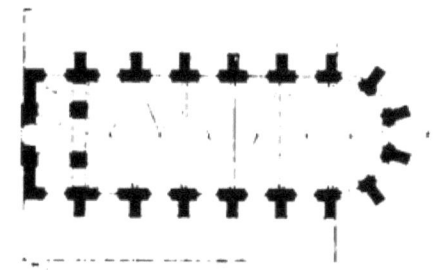

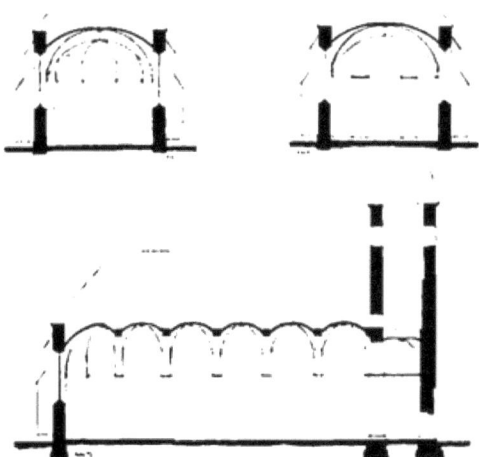

[1] Schwieters, westlicher Theil des Kreises Lüdinghausen, Seite 106 f.
[2] Nach Aufnahme-Zeichnungen des Architekten Rincklake in Münster.

appenberg.

Cappenberg war ursprünglich Sitz der Grafen von Cappenberg, dann durch Stiftung des Grafen Gottfried Prämonstratenser-Kloster (1122—1803, darauf 1803—1816 königliche Domäne, und endlich seit 1816 Besitzthum des Reichsfreiherrn Minister von Stein und seiner Fideikommißnachfolger. Cappenberg liegt zwar in der politischen Gemeinde Bork, doch bildet es seit 1832 eine eigene Pfarrgemeinde, deren Mittelpunkt die alte Klosterkirche ist, und die 933 katholische und 60 evangelische Einwohner zählt.

Quellen und Litteratur:

Lebensbeschreibungen des heiligen Gottfried: Vita I, II und III in Acta Sanctorum Jan. I 836 ss., 857 ss., 840 ss.; auch in Pertz: Mon. Germ. Hist.

Das Archiv zu Cappenberg.

Die meisten Urkunden desselben bis 1300 bei Erhard, Cod. diplomat und Wilmans, Westfälisches Urkunden-Buch, abgedruckt.

Liber de conversione Dni Hermanni, quondam Iudaei, primi Abbatis Ecclesiae Schedensis, abgedruckt bei J. D. von Steinen (siehe unten).

J. Stadtmann, Synopticus elenchus, hoc est, Brevis Catalogus praepositorum Cappenbergensium, 1622, Manuskript, im Besitz des Herrn Pfarrers Hüsing zu Gescher, Abschrift auf der Bibliothek des Vereins für Geschichte und Alterthumskunde zu Münster.

J. D. von Steinen, Kurze Beschreibung Der hochadelichen Gotteshäuser Cappenberg Und Schedo ..., Dortmund 1741.

J. C. Cirkel, Cappenberg, eine historische Skizze, in dem Taschenbuch für vaterländische Geschichte, Münster 1833.

Didon, Chronik des Amts Bork im Kreise Lüdinghausen, bestehend aus den vier Pfarren Bork, Cappenberg, Selm, Altlünen, 1833 bei Rademann in Lüdinghausen.

C. Geisberg, Leben des heiligen Gottfried, in der Zeitschrift für Geschichte und Alterthumskunde Westfalens, XII Seite 301—374; ferner Anderes über Cappenberg in derselben Zeitschrift XXIII. 51, XXXXIV. 150, XXXXVI. 168.

A Hüsing, Der heilige Gottfried, Graf von Cappenberg, Münster 1882.

J. Schwieters, Geschichtliche Nachrichten über den westlichen Theil des Kreises Lüdinghausen, S. 473—493.

An der Stelle des jetzigen Schlosses, der alten Probstei Cappenberg, lag einst die Burg Cappenberg, der Sitz der Grafen gleichen Namens.

---

[1] C mit der Darstellung vom ungläubigen Thomas. Aus einem Brevier, Pergament-Manuskript, der Schloßbibliothek zu Nordkirchen (siehe unten).

Im 11. Jahrhundert lebte Graf Hermann mit seiner Gemahlin Gerberga von Huneburg. Dieselben sollen, nach der vita St. Godefridi, sehr gottesfürchtig und mildthätig gewesen sein und deshalb in hohem Grade die Achtung und Liebe der untergebenen Leute genossen haben. Es folgte ihnen der Sohn Gottfried, der mit Beatrix von Schweinfurt vermählt war. Derselbe hinterließ vier Kinder: Gottfried, Otto, Gerberga und Beatrix. Der älteste Sohn Gottfried war im Jahre 1197 geboren. Nach dem Tode seines Vormundes und Stiefvaters, des Grafen Heinrich von Rittbecke, erhielt er, etwa zwanzigjährig, das große Besitzthum und vermählte sich kurz darauf mit Jutta, Tochter des Grafen Friedrich von Arnsberg. Wie wohl so Jugend und häusliches Glück, die Liebe der Untergebenen und reiches Besitzthum sich vereinigten, ihn glücklich zu machen, so konnte doch alles dieses sein Herz nicht befriedigen. Vorzüglich scheint das Beispiel des heiligen Norbert auf Gottfried gewirkt zu haben; dieser, ebenfalls aus altadligem Geschlechte stammend, hatte nach einer leichtsinnig verlebten Jugend der Welt entsagt und durchzog in einem Bußgewande als begeisternder Prediger Deutschland. Im Herbst 1121 war Norbert zu Köln; dort lernten Gottfried und sein Bruder Otto ihn kennen und der Eindruck seiner Predigten war ein so gewaltiger, daß neben manchen anderen auch die zwei Grafen von Cappenberg den Entschluß faßten, der Welt zu entsagen und die väterliche Burg in ein Kloster zu verwandeln.

Im folgenden Frühjahr kam Norbert auf die Einladung Gottfrieds nach Cappenberg und am 31. Mai 1122 legten Gottfried und Otto in seine Hand das Versprechen ab, sich und einen Theil ihrer Güter Gott und der heiligen Jungfrau zu weihen, Cappenberg mit den umliegenden Höfen zu einem Kloster zu schenken, und dort mit anderen Brüdern nach der von Norbert modifizirten Regel des heiligen Augustinus zu leben. Norbert übernahm als erster Probst die Einrichtung und Leitung des Klosters. [1]

Die Gemahlin Jutta folgte dem Beispiele Gottfrieds. Am Fuße der Burg baute derselbe für sie und die beiden Schwestern Beatrix und Gerberga ein Frauenkloster, wo dieselben unter Leitung einer frommen Frau Hedwig lebten.

Für die neue Klosterstiftung weihte noch in demselben Jahre 1122 am 15. August der Bischof Dietrich von Münster die Burg ein, und legte den Grundstein zu der Maria und dem Apostel Johannes geweihten Klosterkirche. 1123 bestätigte Kaiser Heinrich V. die neue Stiftung, und 1126 27. Februar erfolgte die Bestätigung derselben durch den Papst Honorius. [2]

Gottfried starb im Jahre 1127 in dem ebenfalls von ihm gestifteten Kloster Ilmstadt bei Frankfurt am Main; 1149 wurde ein Theil seiner Gebeine nach Cappenberg überbracht und feierlich dort von Bischof Werner am 16. September in der nun vollendeten Kirche feierlich beigesetzt.

Gottfried von Cappenberg wird als heiliger verehrt und sein Andenken am 13. Januar, seinem Sterbetage, begangen, an welchem Tage des Jahres 1149 seine Gebeine zu Ilmstadt gehoben wurden. Der Bruder Otto, Probst zu Cappenberg von 1156 an, starb 1171. [3]

Das Stift Cappenberg stand in den ersten Jahrhunderten durch die Frömmigkeit und Wissenschaft seiner Mitglieder in hoher Blüthe. Manche der Brüder gelangten an verschiedenen Orten zu hohen Kirchenwürden. Auch nach außen hin erlangte das Kloster durch seine Wirksamkeit und die wohlwollende Gesinnung der Bischöfe von Münster hohes Ansehen. Eine Reihe von Prämonstra-

[1] Erhard, Codex 190.
[2] Erhard, Codex 190, 195, 197.
[3] Vita St. Godefridi 11.

tenfer-Klöstern entstand kurz nach der Gründung von Cappenberg in Westfalen und den benachbarten Gegenden, deren Gründung theils von Cappenberg auszog, theils von dort her unterstützt wurde. Die Klöster Varlar im Kirchspiel Osterwick, Ilmstadt bei Frankfurt, Averdorp bei Wesel wurden von den Grafen Gottfried und Otto selbst gestiftet. Scheda, im Kreise Hamm, wo der konvertirte Jude Hermann, der nach seiner Taufe mehrere Jahre sich zu Cappenberg aufhielt, erster Abt war, wurde gestiftet um 1150, Knechtsteden bei Neuß um 1130, Cette und Clarholz bei Wiedenbrück 1134, Weddinghausen bei Arnsberg 1170, und noch verschiedene andere. [1]

1139 unterstellte Bischof Werner der Probstei Cappenberg die Kirchen zu Werne und Ahlen zugleich mit dem Archidiakonat zu Werne; 1160 verlieh Bischof Friedrich derselben auch das Archidiakonat zu Ahlen; 1170 wurden beide Kirchen als Dekanien dem Kloster bestätigt. 1173 wurde derselben die Kirche in Dork inkorporirt. 1254 schenkte Graf Engelbert von der Mark, um seine Erpressungen gegen Cappenberger Bauern wieder gut zu machen, dem Kloster das Patronat über die Kirche zu Mark, die Filiale von dieser zu Hamm und die Kapelle auf der Burg Mark. 1278 übergab der Dynast Hermann von Con (zur Sühne dafür, daß er im Jahre vorher den Grafen Engelbert von der Mark überfallen und gefangen auf seine Burg Bredevoort geführt hatte, wo derselbe aus Gram über die erlittene Schmach starb) an Cappenberg das Patronal über die Kirche zu Südlohn; 1318 kamen auch durch Schenkung des Grafen Engelbert von der Mark die Patronate über Kurl und Methler an dasselbe. [2]

Was die weltlichen Besitzungen des Klosters betrifft, so vermehrten sich dieselben im Laufe der Zeit ganz gewaltig. Zu den oben genannten ursprünglichen Dotationsstücken kamen von Jahr zu Jahr neue durch Kauf und Schenkung hinzu; zur Zeit der Aufhebung gehörte zu Cappenberg ein meist unmittelbar herumliegendes Areal von 7000 Morgen Wald, Wiesen und Acker; dazu kamen über 240 Bauernhöfe und Kötterhöfe, die mit hörigen Leuten besetzt waren. Auch genoß das Kloster Schatzfreiheit von den in eigener Benutzung stehenden Gütern, Zollfreiheit zu Wesel und Kaiserswerth auf dem Rhein und in der ganzen Diözese Münster, besonders zu Werne und Lünen. [3]

Mit diesem zunehmenden Reichthum hing es wohl zusammen, daß Cappenberg vom 14. Jahrhundert an von der Höhe klösterlicher Vollkommenheit immer mehr herunter stieg. Die ursprüngliche Strenge ließ nach. Als Luther auftrat, schwärmten auch die Conventualen zu Cappenberg für die Reformation und wehrten sich späterhin lange dagegen, den Reform-Dekreten des Konzils von Trient nachzukommen. In den letzten Jahrhunderten seines Bestehens war Cappenberg hauptsächlich nur eine Versorgungsanstalt für nachgeborne adelige Söhne. Wie Hobbeling [4] mittheilt, konnten nur Solche Aufnahme finden, die ihren Adel von Vater- und Mutterseite in denselben Graden, wie bei den Domherren, nachwiesen. Ueberhaupt scheinen von sehr früher Zeit an nur Ritterbürtige aufgenommen worden zu sein, wenigstens waren die Pröbste immer ritterbürtigen Standes. Die Conventualen trugen eine weiße Soutane nebst Cingulum und einen weißen Hut, weshalb auch der Volksmund sie weiße Patres nannte. Wie Didon [5] mittheilt, hielt in den letzten Zeiten jeder der Kloster-

[1] Häling, am angeführten Orte, Seite 75.
[2] Erhard, Codex 231, 310. 344, 374. Wilmans Urkunden-Buch 369, 1047. J. D. von Steinen, am angeführten Orte, Seite 84.
[3] Schulters, Geschichtliche Nachrichten über den westlichen Theil des Kreises Lüdinghausen, Seite 107. Erhard, Codex 472. Kindlinger, M. B. III. 1.
[4] Beschreibung des ganzen Stifts Münster.
[5] Chronik des Amts Dork.

herrn feine Reitpferde, während der Probft in der Kutfche zu fahren pflegte. Jagden gehörten zu den Lieblingsbefchäftigungen der Herren, wobei ein großer Saal auf dem dem Klofter gehoerenden, in Kirchfpiel Werne mitten im Waldrevier liegenden Haufe Eikholt gern als Ruhepunkt benutzt wurde.

Unter dem letzten Probfte Ferdinand II., Elias von Kleinforgen, ereilte Cappenberg das Gefchick der Zeit; 1803 wurde es von der neuen preußifchen Regierung aufgehoben und in eine Domäne verwandelt, welche bis 1806 unter preußifcher, dann bis 1815 unter franzöfifcher, feitdem wieder unter preußifcher Verwaltung ftand — 1816 wurde dem preußifchen Staatsminifter, Reichsfreiherrn Karl von Stein, der fich um das Münfterland nach deffen Säkularifirung große Verdienfte erworben hatte, die Domäne Cappenberg gegen das Gut Birnbaum in Pofen in Taufch gegeben; in Ermanglung von Söhnen kam das Gut dann durch die Vermählung der Tochter Maria Therefia von Stein mit dem Grafen Georg von Kißmannsegge 1827 an diefe Familie, die daffelbe noch gegenwärtig befitzt. — Das jetzige Schloß, ehemalige Probftei, wurde von dem Probft Stephan von Nagel 1708 erbaut; fein Wappen befindet fich über dem Eingange mit der Infchrift: Deo triuni architect. magno. Die Flügel follen 1648 erbaut fein; einen derfelben mußte fich der damalige Herr von Morrien zu Nordkirchen zu bauen verftehen, zur Sühne, weil er bei dem Abhalten der Grenzjagd bei einem Streite einen der Cappenberger Kapitularherrn erfchoffen hatte. Die beiden Thorhäufer und die bekannte Cappenberger Brauerei wurden 1840 von dem Grafen von Kißmannsegge erbaut.[1]

Die im Jahre 1122 und den folgenden Jahren erbaute Kirche erlitt im Laufe der Zeit verfchiedene Veränderungen; um 1400 wurde diefelbe mit Gewölben verfehen; die Pultdächer der Seitenfchiffe mußten für diefen Zweck höher gelegt werden. Im füdlichen Seitenfchiffe wurden gothifche Fenfter eingefetzt, nachdem 1430 die alten durch einen Blitzftrahl zerftört waren. Der Glockenthurm, der an der Südweftecke des Schiffes an dem früher dort befindlichen Kreuzgange lag, wurde im Anfange diefes Jahrhunderts, weil er baufällig war, abgebrochen. Im vorigen Jahrzehnt wurden bei der vom Staate beforgten Reparatur der Kirche die Mauern unterfangen und ein Treppenthürmchen an der Nordoftecke des Chors angelegt.[2]

1852[3] wurde, nachdem von der Aufhebung des Klofters bis dahin der Gottesdienft durch einen Vikar beforgt worden, Cappenberg zu einer eigenen Pfarre erhoben, und demfelben als Pfarrbezirk beigelegt: von Bork die Bauerfchaft Ubbenhagen und Theile der Bauerfchaften Haffel und Netteberge, von Werne ein Theil der Bauerfchaft Oftik, von Altlünen ein Theil der Bauerfchaft Nordlünen.

---

[1] Büfing, am angeführten Orte, Seite 103. Didon, Chronik des Amts Bork.
[2] Büfing, am angeführten Orte, Seite 105.
[3] Urkunde des Bifchofs Kafpar Max vom 17. November diefes Jahres im Pfarrarchiv zu Cappenberg.

Denkmäler-Verzeichniß der Gemeinde Cappenberg.

—

Dorf,

1½ Kilometer südöstlich von Lüdinghausen.

a) **Kirche**[1], katholisch, romanisch, 12. Jahrhundert.

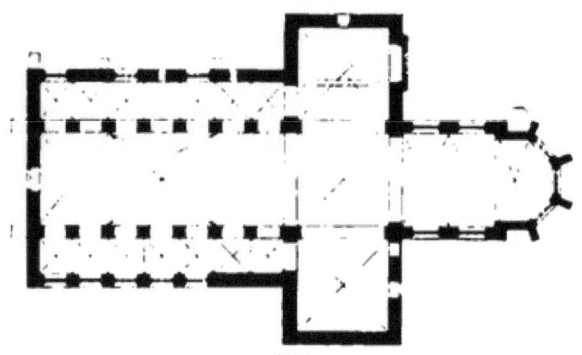

Dreischiffige (dreijochige) Pfeilerbasilika mit Querschiff und zweijochigem Chor mit gothischem[2] Schluß.

Ohne Thurm. Einfaches Glockenhaus neben der Nordostseite der Kirche. Treppenthurm an der Nordseite des Chors, neu.

Ursprünglich flach gedeckt; zu gothischer Zeit mit (verankerten) Kreuzgewölben versehen; im mittleren Joche des Mittelschiffs ein Sterngewölbe.

Strebepfeiler vereinzelt.

Die rundbogigen Fenster theilweise spitzbogig verbreitert; letztere dreitheilig mit Maßwerk.

Drei Eingänge: an der Westseite, an der Nordseite des nördlichen und an der Ostseite des südlichen Querschiffs, ohne Schmuck.

An der Ostseite des nördlichen Querschiffs nach außen vortretende Nische (Rest einer halbkreisförmigen Apsis).

Taufstein, rund, ohne Verzierung, 91 cm hoch, 94 cm oberer Durchmesser.

Wandnische[2], gothisch, z. Zt. an der Westseite des nördlichen Seitenschiffs, 1,05/0,4; m groß. (Abb. Taf. 13.)

Sacramentshäuschen[3], gothisch, 1,05 m breit, an der Nordseite des Chors. (Abbildung Tafel 13.)

—

[1] Schwieters, westlicher Theil des Kreises Lüdinghausen. Seite 103 ff. Zeitschrift für Bauwesen 1870 und 1881. Lübke. Westfalen, Seite 21 und 22.

[2] Die auf einem Wappenschilde derselben angebrachte Inschrift W W 1884 · 5 stammt von der letzten Restauration her?!

[3] Lübke, Westfalen, Seite 301.

Epitaph[1], gothisch. 14. Jahrhundert, mit Renaissancezuthaten, an der Südwand des Chores, Stein-
    relief mit den Bildnissen der Stifter Gottfried und Otto, 2,01/1,44 m groß. (Abbild. Taf. 14.)

Epitaph, gothisch, im südlichen Querschiff, Steinrelief mit dem Bildniß Gottfrieds, 2,01/1,40 m groß,
    auf einem Steinsockel liegend. (Abbildung Tafel 14.)

2 Steinreliefs, Renaissance, mit Darstellungen aus der Leidensgeschichte Christi, je 0,96/1,48 m l. L.
    auf einer Scheidewand im nördlichen Querschiff. (Abbildung Tafel 15.)

Christus (Salvator), gothisch, auf doppeltem Regenbogen, von Stein, ebendaselbst, 63 cm hoch. Abb. Taf. 16.)

2 Donatoren und Stifter, Gottfried und Otto, Renaissance, von Stein, ebendaselbst, 52 cm hoch.
    (Abbildung Tafel 16.)

Madonna, romanisch, von Stein, z. Zt. auf dem Epitaph im Chor, 54 cm hoch.

4 gothische Figuren in den Ecksäulen des Chors, 1,05 m hoch.

Chorstühle[1], spätgothisch, inschriftlich von 1509 (nördlich) und 1520 (südlich), das nördliche und süd-
    liche Querschiff von der Vierung scheidend, mit je einer Verbindungsthür nach ersteren,
    rechtwinkelig nach Westen verlängert, zweireihig in reichster Ausführung, 3,50 m hoch; Seiten-
    theil 1,46/0,51 m groß; Wappenfüllungen 46/24 cm groß. (Abbildungen Tafel 17. 18, 19, 21.)

2 Thüren des nördlichen Eingangs und der Scheidewand im nördlichen Querschiff, gothisch, mit Rollen-
    füllungen, 0,80/2,00 m groß, bezw. 0,92 m breit. (Abbildungen Tafel 21.)

Wandschrank von Holz mit gothischer Bekrönung im südlichen Querschiff, 1,40 m breit. (Abb. Taf. 21.)

Triumphkreuz, romanisch, Christus 1,07 m hoch. (Abbildung Tafel 20.)

Vortragekreuz, gothisch, Christus 79 cm hoch. (Abbildung Tafel 20.)

Pieta, Renaissance, von Holz, 65 cm hoch.

St. Antonius, gothisch, von Holz, 1,10 m hoch. Abbildung Tafel 21.)

2 becherartige Leuchter, gothisch, von Bronze, auf Steinsockeln, mit Bildnissen Christi, 2,15/1,41 m und
    2,11/1,41 m groß einschließlich Sockel. (Abbildung Tafel 22.)

Thürgriff der nördlichen Eingangsthür, romanisch, von Bronze, Löwenkopf, 14 cm Durchmesser.
    (Abbildung Tafel 23.)

Weihwasserkesselchen, gothisch, von Bronze, 14,5 cm hoch, 7 cm oberer Durchmesser. (Abbild. Tafel 22.)

Ciborium, gothisch, silber-vergoldet, mit achttheiligem Knauf und Reliefdarstellung der Kreuzigungs-
    gruppe auf dem Fuß, 17 cm hoch. (Abbildung Tafel 22.)

Reliquientopf[1], romanisch, Kupfer, vergoldet auf viertheiligem Fußgestell mit tragenden Engeln, Thier-
    köpfen, Thürmen und Zinnen. Der Kopfring fehlt.

              Inschrift: ⊹ hic q d servet de erine johis habetur + te pce pulsantes exaudi.
    ste johes. ⊹ Apocalista data tibi . . . . . gratum et pius ottoni succurre precan (d)o datori.
    (Abbildung Tafel 24.)

Gewölbemalerei, gothisch, in der Vierung, Darstellung des jüngsten Gerichts, Reste, und in einem Joch
    des südlichen Seitenschiffs, Ornamente. (Abbildungen Tafel 25.)

Klappaltaraufsatz[1] mit vorzüglich erhaltenen Tafelgemälden, gothisch, mit Darstellungen aus dem
    Leben Christi und Mariä, 1,00/0,66 m groß. (Abbildungen Tafel 26—29.)

[1] Lübke, Westfalen, Seite 378.
[2] Zeitschrift für Bauwesen 1881. Lübke, Westfalen, Seite 101 und 102.
[3] Zeitschrift für Geschichte und Alterthumskunde Westfalens, Jahrgang 11, IV. F. Philippi, Seite 190.
[4] Katalog der Ausstellung des Alterthumsvereins 1879 Nr. 1176. Lübke, Westfalen, Seite 303.

2 **Tafelgemälde**, Renaiffance, Maria und Anna bezw. Johannes den Täufer und Johannes den Evan-
gelift darftellend, je 66/57 cm groß.

3 **Glocken** mit Infchriften:

1) Jesus maria joannes. A fulgure fulmine et tempestate libera nos domine.
Alexander jonnes hermannus a Ketteler praepositus in Capenberg me fieri fecit anno
MDCLXXXVIIII (1689). Durchmeffer 1,47 m.

2) B. B. Godefridus et Otto anno 1704. M. Joh. Fricke. Durchmeffer 0,93 m.

3) tuos ego petrus convoco servos. anno MDCLXXX (1680). Durchmeffer 0,63 m.

Nord- und Südweftanficht der Kirche.

b) Schloß[1] (Besitzer: von Killmannsegge).

Renaissance, einfach. Auf der Nordseite ein verzierter Giebel mit Inschrift: Deo triuni architecto magno (MDCCVIII   1708).

[1] Nordhoff, Holz- und Steinbau Westfalens, Seite 125, 211 und 225.

Lichtdruck von Römmler & Jonas, Dresden.   Aufn. v. verst. R. Eckert, 1895.

Kirche: Südost- und Nordostansicht.

Cappenberg.

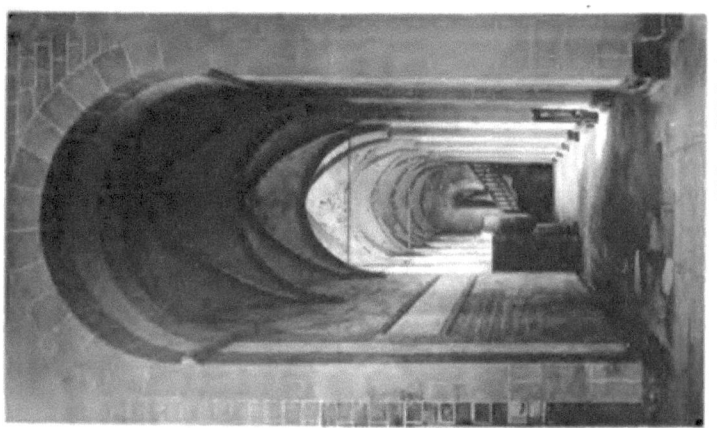

Krosz Südungkapelles

Aufnahme von H. Schaak sen.

Bau u. Kunstdenkmäler von Westfalen

Lichtdruck von Sinner u. Jansen, Soesten

Cappenberg

Aufnahme von J. Cobuk 1902.

Kirche: Epitaphien.

Grab- u. Kniebesaufgaden von Westfalen.

Lichtdruck von Römmler & Jonas, Dresden

Cappenberg.

Aus u. Kunstdenkmäler von Westfalen

Maria Königshausen

Lichtdruck von Römmler & Jonas, Dresden.

Aufnahmen von N. Scheck, 1891.

Kirche: Steinreliefs

Cappenberg.

Bau- u. Kunstdenkmäler von Westfalen.

Lichtdruck von Römmler & Jonas, Dresden.

Kirche: Christus und Donatoren.

Kirche Lüdinghausen.

Aufnahme von A. Coburg, 1891.

Cappenberg.

Bau- u. Kunstdenkmäler von Westfalen.

Kreis Lüdinghausen.

Lichtdruck von Albertus & Jennes, Dresden.

Aufnahme von B. Eckard, 1901.

Kirche: Chorgestühl

Kirche: Chorgestühl.

Cappenberg.

Lappenberg

Kreis Lüdinghausen.

Aus d. Kunstdenkmäler von Westfalen.

Kirche. Triumph- und Vortragskreuz

Cappenberg.

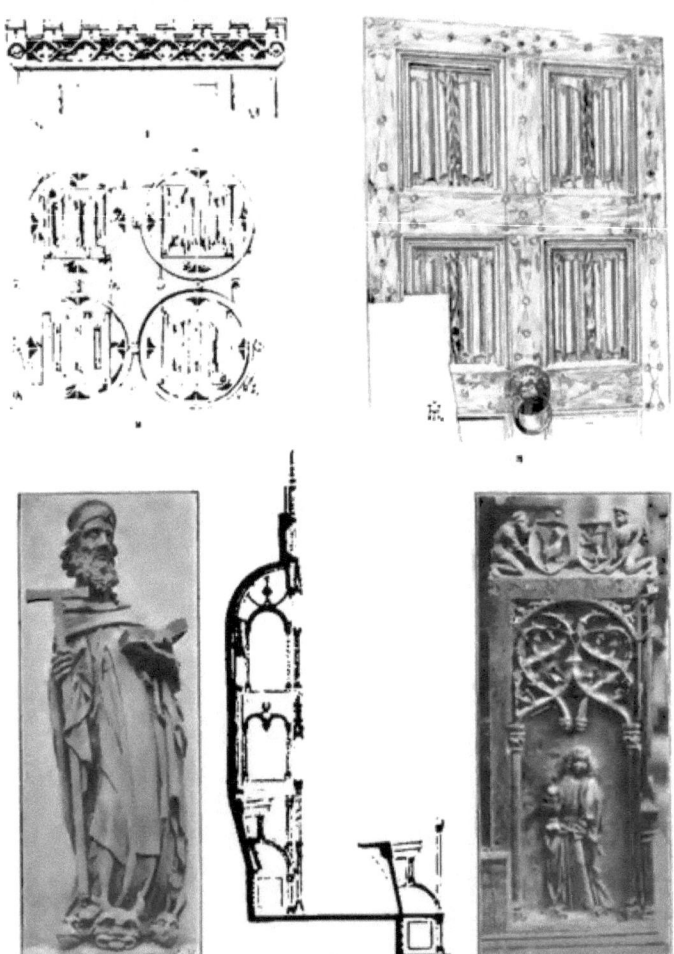

Lichtdr. von Dr. E. Albert & Co. München　　　　　　　　Aufnahme von R. Cohen 1911

Kirche:

1. Schrankbekrönung; 2. Thür im nördlichen Querschiff; 3. Thür des nördlichen Eingangs; 4. St. Antonius; 5. Chorstuhl, Querschnitt[1]; 6. Chorstuhldetail mit 1520[2].

[1] Nach B. Nagel　[2] Nach photographischer Aufnahme des Provinzial-Vereins für Wissenschaft und Kunst

Cappenberg.

Kirche.

1. und 2. Leuchter, 3. Weihwasserkesselchen, 4. Ciborium.

Cappenberg.

Kirche: Thürgriff

Cappenberg.

Kreis Lüdinghausen.

Prov. u. Kunstbau Inohim von Westfalen.

Kirche: Reliquienbehälter

Lichtdruck von Nohmann & Jener, Dresden

Aufnahme von B. Schroff, 1901

Cappenberg.

Bau- u. Kunstdenkmäler von Westfalen.   Kreis Lüdinghausen.

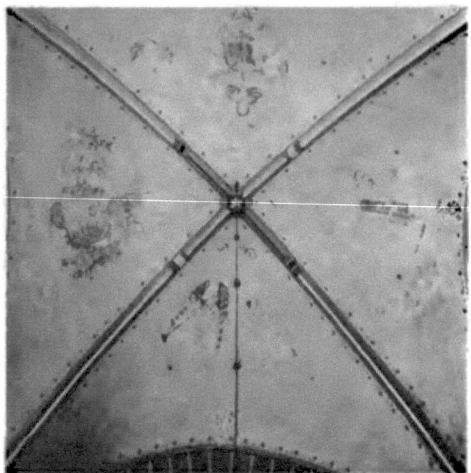

Lichtdruck von Römmler & Jonas, Dresden.   Aufnahme nach H. Cuborg, 1891.

Kirche: Deckenmalerei.

Cappenberg.

Kirche: Tafelgemälde.

Cappenberg.

Lichtdruck von Römmler & Jonas, Dresden.   Aufn. v. Alterthumsverein, 1879.

Kirche: Tafelgemälde.

Cappenberg.

Bau- u. Kunstdenkmäler von Westfalen.   Kreis Lüdinghausen.

Lichtdruck von Römmler & Jonas, Dresden.   Verl. v. Alterthumsverein, 1879.

Kirche: Tafelgemälde.

Cappenberg.

Bau- u. Kunstdenkmäler von Westfalen.   Kreis Lüdinghausen.

Lichtdruck von Römmler & Jonas, Dresden.   Aufn. v. Alertdomverein, 1878.

Kirche: Tafelgemälde.

# Drenſteinfurt.

Die Gemeinde Drenſteinfurt, beſtehend aus der alten „Freiheit" Drenſteinfurt mit dem an der Werſe gelegenen Wigbold und den Bauerſchaften Merſch, Rieth, Offenbeck, Natorp, Averdunk und Eikendorf, hat eine Größe von 44 ☐ Kilometer. Einwohner: 2630 Katholiken, 22 Proteſtanten, 51 Juden. Die Gemeinde iſt umgeben von Aſcheberg, Herbern und Walſtedde, dem Kreiſe Beckum mit Ahlen und Sendenhorſt, dem Kreiſe Münſter mit Alberßloh und Rinkerode.

Quellen und Litteratur:

Archiv des Hauſes Drenſteinfurt: Repertorium in 2 Bänden von Kindlinger und C. Wieſsmann Vikar zu Drenſteinfurt (1774—1800), in Original und Copie vorhanden; Nachtrag dazu in 1 Band von Dr. Nordhoff, mit einem Repertorium über alle 3 Bände; ferner eine geſchichtliche Bearbeitung des Hauſes und Wigbold's Drenſteinfurt und der zu dem Hauſe gehörigen Höfe mit Karten des Hauſes und Wigbold's Drenſteinfurt, datiert Mai 1800, und das „Schwarze Buch" in 4 Bänden, beides vom Vikar W.

Archiv des Hauſes Venne, nicht geordnet.

Johann von der Reck, Die Motive ſeiner Converſion zur katholiſchen Kirche 1652.

Gedruckter Bericht in Prozeßſachen von der Reck wider von Landsberg 1774.

C. A. W. Köſter, Diplomatiſch-praktiſche Beiträge zu dem deutſchen Lehensrecht, 2 Bände, Dortmund 1797—1800, betrifft Heſſen, enthält aber auch Manches über Drenſteinfurt.

Kindlinger, Geſchichte der Familie und Herrſchaft Volmeſtein, 2 Bände 1801.

Chronik von Drenſteinfurt in der Amtsregiſtratur.

Kamann, Manuſkripte.

Götz vom Rheine, Städtiſchens Verkehr oder Magnetismus in Drechſteinfurt, Hamm 1822.

Konſtantin Graf von der Reke-Volmeſtein, Geſchichte der Herrn von der Reck, ein reich mit Illuſtrationen ausgeſtatteter Folioband.

A. Tibus, Gründungsgeſchichte, Seite 444 f. 473.

Schwieters, Geſchichtliche Nachrichten über den öſtlichen Theil des Kreiſes Lüdinghauſen 82 f., 103 f. Derſelbe, Bauernhöfe 211—248.

Der Name des Ortes Drenſteinfurt kommt ſchon in einer Urkunde von 851 vor: Stenvorde in regione Dreni. Urkunde von 1277: Stenvorde super Drenum.[2]

Hieraus wird die Bedeutung des Namens klar: Furth mit Steinunterlage durch den Werſefluß im Dreingau. In einer Zeit, wo Brücken noch ſelten, waren paſſirbare Furthen natürlich von

---

[1] D aus einem Pergament Manuſkript der Schloßbibliothek zu Nordkirchen (ſiehe unten), 3 cm hoch.

[2] Erhard, Regeſta 192. Wilmans, Urkunden-Buch 1043.

großer Bedeutung. Im Jahre 784 fiel in der Gegend von Drensteinfurt eine Schlacht vor zwischen Karl, dem Sohne Karls des Großen und den Westfalen.[1]

Die Pfarre Drensteinfurt wird zuerst in einer Urkunde von 1137 erwähnt.[2] Die Kirche ist gegründet auf dem alten Amtshofe Stenvorde, der auch Nordhof hieß im Gegensatze zu dem unmittelbar dabei liegenden Südhofe; dieses folgt daraus, daß die Herrn dieses Amtshofes, des späteren Rittersitzes Drensteinfurt, Patronatsherrn der Kirche und Pastorat sind. Kirchenpatronin ist die heilige Regina. — Der Ort siedelte sich größtentheils auf Pertinenzen der beiden genannten Höfe an; den östlichen Theil desselben bildet das Haus Drensteinfurt. Im Laufe der Zeit erhielt der Ort die Bezeichnung Wigbold. In der oben zitirten Ortschronik wird gesagt, 1205 sei Drensteinfurt noch Dorf, 1283 aber Wigbold gewesen, doch wird der Beweis dafür nicht erbracht. Eine Urkunde liegt über die Verleihung von Wigbolds-Rechten nicht vor, ein besonderes Stadtwappen ist nie geführt, auch landtagsfähig ist Drensteinfurt nicht gewesen. Bis zum Beginne dieses Jahrhunderts hatte dasselbe ein eigenes Patrimonialgericht, welches dem Hause Drensteinfurt anner war und sich über die „Freiheit innerhalb der vier Pfähle" erstreckte; die Bauerschaften unterstanden dem Gogericht Sendenhorst.

1429 gründeten Johann von Volmestein und Gem. Elis von Wysch die Vikarie Stae Catharinae zu Drensteinfurt.[3] Im Jahre 1537 gründete Arnold Ulstede ein Armenhaus für 5 arme Frauen, 1702 wurde diese Stiftung durch Hermann von der Reck bedeutend verbessert. 1595 wurde der Ort wegen der häufigen Einfälle und Räubereien der spanischen und holländischen Truppen befestigt, mit Wall und Graben umgeben.

Die jetzige Kirche wurde auf den Fundamenten der alten erbaut, 1783 begonnen und 1785 geweiht.

Das Rittergut Drensteinfurt. Der Amtshof Stenvorde war mit allen seinen Ueberhöfen und Gütern ein Osnabrücker Lehen.[4]

Wir haben oben (unter Ascheberg) gesehen, daß die Widukind'sche Familie zu Drensteinfurt Besitzungen hatte. Diese wurden wahrscheinlich an die Osnabrücker Kirche übertragen, und machte der Amtshof Drensteinfurt einen Theil derselben aus.

Erste Lehensinhaber des Hofes Stenvorde waren ohne Zweifel die, welche den Namen von dem Hofe annahmen, die Ritter von Stenvorde; 1177 kommt Lubertus de Stenvorthe urkundlich vor.

Die Herrn von Rinkerode (Schild längs getheilt, schwarz-weiß, auf der Naht eine goldene Spange) besaßen (die Freigrafschaft Wildeshorst schon vor 1225, den Hof Heessen um 1243) Steinfurt urkundlich 1283. Gerwin IV von Rinkerode war der letzte seines Stammes; die Tochter Gostie[5] war mit dem Edelherrn Diedrich von Volmestein vermählt. Als der Gatte gestorben, die Burg Volmestein von der Mark im Jahre 1324 zerstört war, kam die Wittwe mit den Kindern zurück und bezog die Güter Heessen-Steinfurt. Der Sohn Diedrich, verheirathet mit Agnes von Doringen, starb um 1350. Die Wittwe fundirte 1351 die Vikarie zu Heessen. Der Nachfolger, ebenfalls Diedrich, führte ein sehr bewegtes Leben.[6] Nach seinem Tode (1390) folgte der Sohn

[1] Erhard, Regesta 177, vergleiche Zeitschrift für Geschichte und Alterthumskunde, 33. Bd., Seite 105.
[2] Erhard, Codex diplomat 224.
[3] Archiv der Vikarie.
[4] Archiv des Hauses, wo die Lehensbriefe vom 14. Jahrhundert an vorhanden sind.
[5] Ueber die Entführung der Gostie im Jahre 1297 vergleiche Wilmans, Urkunden-Buch 1566; Troß, Herold von Northoffs Chronik, Seite 128.
[6] Die interessanten Aufzeichnungen des Hausvogts, respektive Rentierechnungen 1341—1390, siehe Kindlinger, Geschichte der Familie und Herrschaft Volmestein I, Seite 346.

Johann, deſſen Ehe mit Elis. von Wyſch kinderlos blieb. Deshalb fielen die Güter 1429 an die Schweſter Neiſe, die mit Godert von der Reck-Heeren verheirathet war. Die Familie von der Reck (blauer Schild mit einem mit drei rothen Pfählen beladenen ſilbernen Querbalken) beſaß die Güter volle 300 Jahre. 1462 hielten Goderts Enkel Scheidung in der Weiſe, daß Gert Heeſſen, Diedrich aber Drenſteinfurt erhielt. 1580 wurde Haus und Hof Drenſteinfurt allodifizirt. J. M. von der Reck erbaute 1708—1710 das jeßige Schloß zu Drenſteinfurt. Deſſen Tochter Thereſa wurde Erbin und vermählte ſich mit J. K. von Landsberg-Erwitte (rother, ſilbergegitterter Querbalken im goldenen Schilde). Seitdem iſt dieſe Familie in dem Beſiß des Hauſes geblieben.[1]

Das **Rittergut Denne** liegt in der Bauerſchaft Merſch an der Bahn Münſter-Hamm, 4 Kilometer von Drenſteinfurt entfernt. Das jeßige Haus iſt um 1710 von Johann Matthias von Aſcheberg und Gemahlin Elis. von Lipperheide erbaut. Die erſten bekannten Beſißer waren die Herren von Galen, mit drei rothen Wolfsangeln in goldenem Schilde. 1574 ſtarb der leßte, Gert von Galen, deſſen Gemahlin Maria hieß; dieſe ſcheinen Leibeserben nicht gehabt zu haben. Denne kam theils durch Erbſchaft, theils durch Kauf an die Familie von Karthauſen (ſpringender rother Hirſch mit goldenem Geweih in ſilbernem Schilde; Sophie von Karthauſen erbte Denne und verheirathete ſich 1611 mit Franz von Aſcheberg-Ichterloh, und ſo wurde dieſer der Stifter der Linie von Aſcheberg zu Denne, die noch zur Zeit auf dem Gute blüht.[2]

Das **Haus Offenbeck** in der Bauerſchaft Offenbeck war urſprünglich Beſißthum des Stifts Herdicke.[3] Im 16. und 17. Jahrhundert wohnte dort die Familie Plönies, von der verſchiedene Glieder in der Geſchichte der Stadt Münſter vorkommen. 1723 erwarb Johann Matthias von der Reck das Gut durch Kauf und ſeitdem iſt es bei dem Hauſe Drenſteinfurt verblieben.[4]

Das **Rittergut Welpendorf** in der Bauerſchaft Offenbeck. Schon vor 1500 wohnte hier das Geſchlecht von Welpendorf. 1625 kam auch dieſes Gut durch Kauf an das Haus Drenſteinfurt.[5]

[1] Gert van der Schüren, Chronik, Seite 37. Fahne, Geſchichte der Herren von Bövel: von der Reck; derſelbe Weſtfäliſche Geſchlechter von Landsberg. Im Uebrigen die oben unter Drenſteinfurt zitirten Quellen.

[2] Archiv des Hauſes Denne, vergleiche Schwieters, Bauernhöfe, Seite 244. Derſelbe, Geſchichtliche Nachrichten über den öſtlichen Theil des Kreiſes Lüdinghauſen, Seite 190.

[3] von Steinen, Weſtfäliſche Geſchichte, 1. Theil, Seite 88.

[4] Schwieters, Bauernhöfe, Seite 238.

[5] Archiv zu Haus Drenſteinfurt.

Denkmäler-Verzeichniß der Gemeinde Drensteinfurt.

1. Wigbold Drensteinfurt,

21 Kilometer östlich von Lüdinghausen

a) **Kirche**[1], katholisch, Renaissance, 18. Jahrhundert.

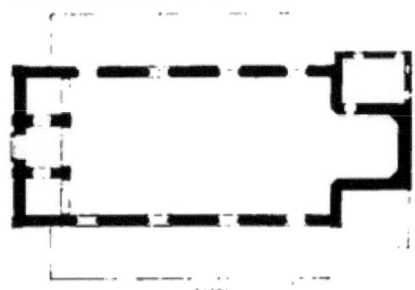

1 : 400

Einschiffig, 1890 durch Seitenschiffe erweitert.

Holzdecke.

Chor, gerade geschlossen; an der Nordseite zweigeschossige Sakristei.

Thurm zwischen dem verlängerten Mittelschiff.

Sakramentshäuschen, gothisch, einfach verziert, an der Nordseite des Chors, 39:52 cm lichte Oeffnung, unter der Wandvertäfelung verschwunden.

Taufstein, romanisch, mit Blattfries und Cannaluren, 1,00 m hoch, 0,00 m obere Durchmesser.

(Abbildung Tafel 30.)

4 **Glocken** mit Inschriften:

1. Cogo sonans homines ad pietatis opus et superos placo sonitu. baptista johannes.
Wolterus Westerhus me fecit, anno domini MCCCCCXV (1515) **Durchmesser** 1,00 m.

2. Signum dono choro, fleo funera, festa decoro. anno domini nostri jesu christi MDCLII (1652)

> Johan fremich me fecit
> Johan von der reck
> herr zu Drensteinfurt
> mechtildt geborne von gahlen
> zu Ermelinckhove fraw zu steinfurt
>
> Marienfigur
> nomen petis?
> S. Maria

Durchmesser 1,41 m.

---

[1] Schwieters, östlicher Theil des Kreises Lüdinghausen, Seite 42.

3. Wolterus Westerhues me fecit a. dm̃ MDXXVI (1526). nomen petis, est regina. procul omnia pello noxia, mortales ad sacra templa cito.   Durchmesser 1,₄₄ m.

4. Nicht lesbar, 56 cm Durchmesser.

b) **Schloß**[1] (Besitzer: von Landsberg).

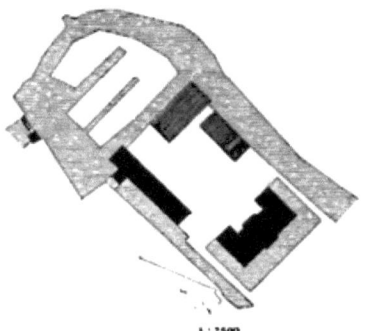

1 : 2500

Hauptgebäude, Renaissance, einfach, 18. Jahrhundert. (Abbildung Tafel 30 und 31.)

Uebergebäude, desgl. Ziegelrohbau.

Thorhaus, desgl., reicher, mit farbigen Ziegeln und Giebelaufsätzen. (Abbildung Tafel 32.)

Kamin im Hauptgebäude, Renaissance, weißer Sandstein, reich verziert, 2,₁₄ m lang, 0,₆₁ m breit, 3,₄₆ m hoch. (Abbildung Tafel 33.)

Schrank[1], Renaissance, mit 6 Ornamentfüllungen, 1,₉₉ m lang, 1,₆₄ m hoch. (Abbildung Tafel 34.)

Schrank, Renaissance, mit 2 Wappenfüllungen und reichem Beschlag, im oberen Theil 1,₀₉ m lang. (Abbildung Tafel 34.)

Krug[1], Renaissance. Steingut, 24 cm hoch, 14,₅ cm Durchmesser, 6theilig, mit den Bildnissen Christi und der Apostel, polychromirt. (Abbildung Tafel 35.)

Thür im Thorhaus, Renaissance, mit Schnitzwerk und Jahreszahl 1592 (Bogenstein 1583), 1,₄₃/2,₆₁ m groß. (Abbildung Tafel 35.)

c) **Fachwerkshaus** (Besitzer: Trentmann).

Renaissance, mit übergekragten Obergeschossen auf verzierten Consolen.

8,₆₁ m l·4,₃₀ m lang. Vorbau 6,₃₀ m tief. (Abbildung Tafel 30.)

---

[1] Schwieters, östlicher Theil des Kreises Lüdinghausen, Seite 183 f.

[1] Ortwein, Abth. Westfalen (Rindflate), deutsche Renaissance, Blatt 19.

[1] Katalog der Ausstellung des Alterthumsvereins 1879 Nr. 1070.

2. Rittergut Venne[1] (Besitzer: von Ascheberg)

14 Kilometer östlich von Lüdinghausen

Schloß, Renaissance, einfach. 18. Jahrhundert.

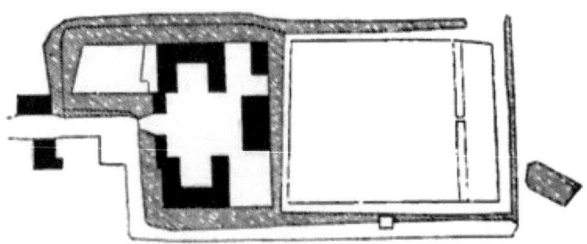

1:2400

Kapelle, im nordwestlichen Nebengebäude, Renaissance, mit Stuckarbeiten. (Abbildung Tafel 36.)
Pokal, Renaissance, mit Glöschen und Pfeife, 33 cm hoch, Silber, vergoldet. (Abbildung Tafel 37.)
Elfenbeinrelief, Renaissance, Darstellung eines von den Sünden verfolgten, zum Kreuze sich flüchtenden
Menschen. 18 cm hoch, 19,5 cm breit. (Abbildung Tafel 37.)
Uhrgehäuse, Renaissance, 47/33 cm groß, von Holz:

[1] Schwieters, östlicher Theil des Kreises Lüdinghausen, Seite 1 ..

Drensteinfurt.

Lichtdr. von Dr. E. Albert & Co., München.

Aufnahme von H. Ludorff 1894.

1. Kirche: Südansicht. 2. Kirche: Taufstein. 3. Schloß v. Landsberg: Ostansicht. 4. Fachwerkhaus (Trentmann)

Kreis Lüdinghausen.

Neu- u. Raubkratbauten von Westfalen.

Lichtdruck von Römmler & Jonas, Dresden.

Aufnahme von R. Echoeß, 1871

Schloß (von Landsberg).

Bau- u. Kunstdenkmäler von Westfalen. Kreis Lüdinghausen.

Lichtdruck von Romman & Jonas, Dresden. Aufnahme von H. Schorst. 1895.

Schloß. Thorhaus

Drensteinfurt.

Lichtdruck von Römmler & Jonas, Dresden.   Aufnahme von B. Cobers, 1911.

Schloß: Kamin
von Landsberg.

Lichtdruck von Römmler & Jonas, Dresden.

Aufnahme von H. Cubach (sel.)

Schloß: Schränke
von Landsberg.

Drensteinfurt.

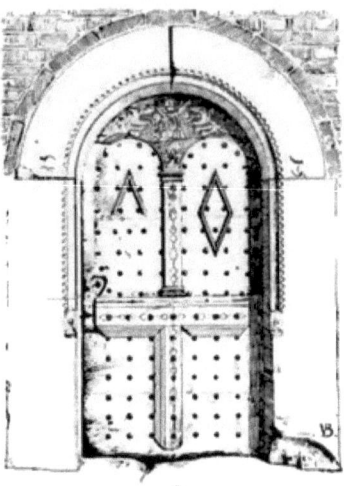

Clichés von Dr. E. Albert & Co. München   Aufnahme von L. Cubeck, 1891.

Schloß (von Landsberg).

1. Krug. 2. Thür des Thorhauses. 3. Detail derselben.

Lichtdruck von Sommler & Jonas, Dresden.

Aufnahme von H. Gabel, 1903.

Rittergut Kapelle
(von Ascheberg).

Denne.

Kreis Schwelm.

Pokal

Aufnahme von J. Schaub, 1901.

Kath. Pfarrkirche von Wengern.

Lichtdruck von Albertus & Jonas, Berlin.

Elfenbeinrelief

Rittergut
vom Ziegenberg.

Herbern.

Heribrunno (890), Heriburnen (um 900), Herburnen (1199), Hereborne (1207) sind die ältesten Formen des Ortsnamens; derselbe bedeutet hiernach entweder Heeresquell oder Herrnquell; im südlichen Theile des Dorfes und ½ Kilometer westlich von demselben ist je eine ziemlich ergiebige Quelle vorhanden. Außer dem Dorf umfaßt die Gemeinde Herbern die Bauerschaften Ontrup (Oldentorp), Nordick (Nordwick), Forsthövel (Vorsthuvile), Arup (Athorpe), Bakenfeld (bestehend aus den älteren Theilen Dentrup, Paringthorpe, Weskeringthorpe), Horn (Hornon). Hiervon gehörten um das Jahr 1050 vor der Gründung der Pfarre Herbern, außer Horn und Weskeringthorpe auch Heriborne (Bauerschaft), Ontrup und Nordick zu Werne, außer Paringthorpe auch Dentrup, Arup und Forsthövel zu Ulscheberg, der äußerste Theil von Nordick, nämlich Werle, wahrscheinlich zu Uhlen.

Die Gemeinde hat 46 Kilometer Fläche. Einwohner: 2720 Katholiken, 6 Protestanten, 26 Juden.

Quellen und Litteratur:

> Gräflich Merveldt'sches Archiv zu Westerwinkel geordnet.
> Freiherrlich von Nagel'sches Archiv zu Itlingen.
> Gräflich von Fürstenberg'sches Archiv zu Herdringen geordnet.
> J. Tibus, Gründungsgeschichte, Seite 451 f.
> Schwieters, Geschichtliche Nachrichten über den östlichen Theil des Kreises Ludinghausen, Seite 451, 311 f, 521 f.

Herbern wird als Pfarre zuerst im Jahre 1188 erwähnt; unter Bischof Siegfried (1022—1032) bestand dieselbe noch nicht. Die Gründung ging wahrscheinlich von dem Domkapitel zu Münster aus. Dieses hatte nämlich die Besetzung der Pfarrstelle bis zur Auflösung des Fürstbisthums Münster; dasselbe besaß auch am Orte Herbern die curia Heriborne, Stammsitz der Familie von Herbern, deren Rest

---

[1] f) aus einem Pergament Manuskript der Schloßbibliothek zu Nordkirchen siehe unten, 6,4 cm hoch.

[2] Wilmans Kaiserurkunden. Seite 114. ältere Werdener Heberolle; Erhard Codex diplomat 584. Wilmans Urkunden-Buch Nr. 107.

[3] Erhard, Codex diplomat 1012 und Wahrscheinlichkeit nach der Lage.

den jetzigen Bauernhof Neuhaus, in unmittelbarer Nähe der Kirche liegend, bildet. Diesem Besitzthum sind ohne Zweifel der Boden für Kirche und Pfarrhof entnommen.[1]

Patron der Kirche ist der heilige Benediktus Abt. Von der jetzigen Kirche zu Herbern wurde 1666 das Schiff vollendet, 1699 Chor und Sakristei gebaut, 1708 der angefangene Thurmbau weiter hinaufgeführt und die Spitze aufgesetzt.[2] Der Thurm der alten Kirche war 1548 durch die Unvorsichtigkeit eines Arbeiters, der das Bleidach reparirte, abgebrannt; „up Saterdagh, den 21 Aprilis, ist in dem Dorpe Herbern de kerktorn entsenget durch versümnisse des Leydeckers, de de füyrpannen darup nicht recht verwahrt hadde."[3]

1572 stifteten Michel von Herbern, Wittwe von Nagel-Ittingen und Katharina von Dillinghoff, Wittwe von Diepenbrock-Westerwinkel, ein Armenhaus für fünf arme Frauen.[4]

1634 kampirten die Hessen und Lüneburger auf dem Südfelde bei Herbern und raubten die Gegend aus; 1635 starben 1700 Menschen an der Pest.[5]

1667 wurde die Dikarie Beatae Mariae Virginis zu Herbern von H. von Ascheberg-Ichterloh und Pastor P. Wegmann gegründet.[6]

1758 hatte die französische Armee unter General d'Urmantiers 27. Oktober bis 2. November zu Herbern das Hauptquartier.

Geisthaus im Dorfe Herbern, Stammsitz der Familie von Herbern. Das Rittergeschlecht von Herbern hat seinen Namen von der alten Bauerschaft, dem jetzigen Dorfe Herbern. Wir haben oben schon mitgetheilt, auf welchem dortigen Hofe die Wiege des Geschlechtes stand. Wie lange dasselbe auf Geisthaus wohnte, ist vorläufig aus Mangel an urkundlichem Material nicht zu bestimmen. Um 1400 und zum Theil schon früher finden wir Zweige der Familie zu Werries bei Hamm, zu Ittingen in Forsthövel, ferner mit dem Beinamen von Krakerügge zu Haus Geist in Forsthövel, zu Brügge in Aeup und zu Künte jenseits der Lippe. Der älteste urkundlich vorkommende des Geschlechts, welcher einen goldenen, zweimal schräg blau gestreiften Schild als Wappen führt, ist Engelbertus miles de Herenburne, Zeuge in einer Urkunde des Bischofs Diedrich III im Jahre 1223.[7]

Der Name Geisthaus stammt entweder daher, daß das Gut um 1500 und später in dem Besitz der von Herbern, genannt Krakerügge zu Geist in Forsthövel war, oder daher, daß das Gut im Dorfe Herbern in der Nähe der Ackerflur Geist lag, während mehr südöstlich der Wiesenflur, der Mersch, sich befand.

Das Rittergut Ittingen, an der Landstraße Herbern—Ahlen, 4 Kilometer von Herbern. In einem Güterverzeichniß der Familie von Kinkerode zu Drensteinfurt von etwa 1500 werden auch die Freigüter (etwa 30) der Freigrafschaft Wildeshorst, von denen die Schöffen für die Frei- oder

---

[1] Kindlinger, Münsterische Beiträge III Nr. 29; Erhard, Codex diplomat. 1031; Darpe, Codex Traditionum Westphalicarum II, Seite 20, 22; Aeltere Dikationsprotokolle; Pfararchiv zu Herbern; Tibus, Gründungsgeschichte, Seite 834, Schwieters, Geschichtliche Nachrichten über den östlichen Theil des Kreises Lüdinghausen, Seite 31 u 212.
[2] Kirchspielsrechnungen im Archiv zu Haus Venne.
[3] Spormecker, Chronica Lunensis in von Steinens Westfälischer Geschichte, 4. Theil, Seite 1459.
[4] Archiv Westerwinkel.
[5] Notariell beglaubigte Nachricht im Pfarr-Archiv.
[6] Urkunden im Archiv Herdringen.
[7] Wilmans Urkunden-Buch Nr. 193.

Fehmgerichte genommen wurden, aufgeführet. Unter diesen kommt neben Brünink, Ferekink, Selehorst auch Ethelynk vor mit einem höheren Königsdienst als die anderen, nämlich 14 Schil. [1]

Da nun Illingen mit den erstgenannten drei Bauernhöfen in der Bauerschaft Forsthövel zusammenliegt, so ist dieses ohne Zweifel identisch mit jenem Ethelynk. Sonach ist Illingen, wie die ganze Freigrafschaft Wildeshorst ursprünglich ein Gräflich Isenburger, später Märkisches Lehnsgut.

Hier saß schon um 1400 ein Zweig der Familie von Herbern. Heinrich von Herbern, der 1555 im Belagerungsheere vor Münster diente, war der letzte im Mannesstamm. Die Tochter Mechtel, verheirathet mit Jürgen von Nagel Königsbrück, brachte diesem das Gut zu. Das Geschlecht von Nagel (rothe, runde Spange im goldenen Schilde) blüht noch jetzt auf dem Gute; Ferdinand von Nagel erbaute um 1680 das jetzige Schloß.

Das Rittergut Brügge in Arup, 2 Kilometer von Herbern. Dasselbe ist jetzt nur noch ein Pachthof mit Mühle auf dem dortigen Mühlenbach, der weiterhin den Namen Emmerbach trägt. Von der alten Anlage ist fast jegliche Spur verschwunden. Die ersten Besitzer waren wahrscheinlich die Ritter von Athorpe (Arup). [2] Um 1400 saß hier ein Zweig der Familie von Herbern, genannt von Krakerügge; dieselben führten das Wappen der Familie von Herbern, nur vermehrt um einen goldenen Stern. Der letzte seines Stammes war Grel von Krakerügge, der 1568 31. Dezember das Gut Brügge mit Jagd und Fischerei für 7500 Thaler an Heinrich von Knippink zu Grimberg verkaufte. 1718 kam dasselbe durch Kauf an die Gräflich Fürstenberg'sche Familie zu Herdringen, die es noch besitzt. [3]

Das Rittergut Dentrup in der Bauerschaft Arup, 4 Kilometer von Herbern. Auf dem Hofe liegt nur mehr ein Kötterhaus, doch sind die im oblongen Viereck angelegten alten Gräften noch ziemlich gut erhalten. 1560 verkauften die Geschwister von Lünen das Gut Dentrup an Bernard von Beverförde. Durch verschiedene Hände kam dasselbe 1648 an Heinrich von Ascheberg zu Ichterloh, und wiederum durch mehrere Hände 1718 an die Gräfliche Familie von Fürstenberg-Herdringen, die es noch besitzt. [4]

Das Rittergut Geist in Forsthövel, 3 Kilometer von Herbern. Um 1700 soll das alte Herrenhaus abgebrannt sein, indem das Feuer böswilliger Weise von einem Knecht angelegt wurde. Im 14. Jahrhundert finden wir hier das Geschlecht von Herbern, genannt Krakerügge; dasselbe stammt von dem Hause Geisthaus "der kleinen Geist" im Dorf Herbern.

Der Mannesstamm der von Krakerügge starb um 1550 mit Kord von Krakerügge aus; die Tochter Joste wurde Erbin der Güter. Diese verheirathete sich mit Jost von Karthausen, der von seiner Mutter Seite ein Drittel des Gutes Denne in Kirchspiel Drensteinfurt erbte. Seine Wittwe kaufte 1574 die andern zwei Drittel hinzu und vereinigte so dieses Gut mit Geist. Die Enkelin Sophie von Krakerügge wurde später Erbin dieser Güter und verehelichte sich 1611 mit Franz von Ascheberg-Ichterloh. In der nachfolgenden Zeit wurde der Wohnsitz nach Denne verlegt und Geist als Ackerwirthschaft verpachtet. [5] (Vergleiche Haus Denne.)

---

[1] Kindlinger, Geschichte der Familie von Volmestein, Band II, Seite 241.
[2] Wilmans Urkunden-Buch 1439 — Zeitschrift für Geschichte und Alterthumskunde XXIV, Seite 507.
[3] Archiv zu Schloß Herdringen.
[4] Archiv Herdringen.
[5] Archiv des Hauses Denne.

Das Rittergut Westerwinkel. Dasselbe liegt in der Bauerschaft Horn, 1 Kilometer von Herbern. Ueber den Bau des Schlosses gibt es keine Nachricht. Ueberhaupt sind in dem Archiv des Hauses ältere Urkunden über dasselbe und seine ersten Besitzer nur in geringer Zahl vorhanden; die ältesten derselben sind von anderen Häusern (Wolbek, Werne, Cake, Empte, Koppel) dorthin übertragen.

Westerwinkel war ehemals ein Lehnsgut der Grafen von Limburg. Die ersten bekannten Lehnsinhaber waren die Edlen von Westerwinkel; der zuerst urkundlich vorkommende, im Jahre 1151, ist Widekinus de Westerwinkel.[1] Die Familie führte einen gerauteten Schild mit einem aufrechten Sparrenpaar. Gert von Westerwinkel war der letzte seines Geschlechtes im Mannesstamm; die Tochter Berta wurde Erbin und verheiratete sich 1385 mit Gert von Bogge.[2] Dieses Geschlecht von Bogge war nur kurze Zeit in dem Besitz des Gutes; 1430 wurde schon Hermann von Merfeld damit belehnt, und nach ihm sein Bruder Ewert und dessen Sohn gleichen Namens. Letzterer verkaufte 1515 das Gut Westerwinkel an Johann von Raesfeld-Ostenborp, dessen Wittwe es 1522 wiederum an Rötger von Dripenbrock-Cake verkaufte. Derselbe hatte zwei Töchter, von denen die eine (Ursula) Westerwinkel erhielt; sie verheirathete sich um 1550 mit Hermann von Merveldt, einem Enkel des oben genannten Ewert, Sohne Dietrichs. Seitdem ist Westerwinkel in dem Besitz dieser Familie von Merveldt geblieben.[3]

1668 wurde Theodor Hermann von Merveldt zu Westerwinkel in den erblichen Freiherrnstand, 1726 dessen Sohn in den Reichsgrafenstand erhoben. 1733 wurde die Herrlichkeit Lembeck mit Westerwinkel vereinigt. 1840 wurde von dem Könige Friedrich Wilhelm dem Grafen Ferdinand Anton die Erbmarschallswürde des Stifts Münster verliehen.

Die Familie von Merveldt führt einen blauen Schild, mit goldenem Gitter belegt, als Wappen.

[1] Fahne, Westfälische Geschlechter: von Westerwinkel; Erhard, Regesten 2210 — Wilmans Urkunden-Buch 145, 352, 431, 522, 528, 548, 593, 675.

[2] Wortlaut der Eheberedung siehe Schwieters, Geschichtliche Nachrichten über den östlichen Theil des Kreises Lüdinghausen, Seite 234, aus dem Archiv Westerwinkel.

[3] Archiv Westerwinkel.

Denkmäler-Verzeichniß der Gemeinde Herbern.

1. Dorf,
15 Kilometer südöstlich von Lüdinghausen.

Kirche[1], katholisch, Gemisch von Renaissance und Gothik, Ende des 17. Jahrhunderts.

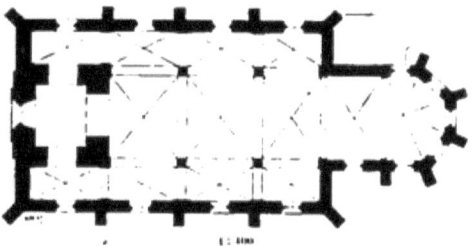

(1 : 400.)

Dreischiffige, dreijochige Hallenkirche, die Seitenschiffe um ein Joch verlängert, den aus romanischem Mauerwerk bestehenden Thurm umfassend.

Chor einjochig mit 5/8 Schluß nebst späterem zweigeschoffigem Sakristeianbau auf der Nordseite.

Orientirung um 14 Grad nach Norden abweichend.

Kreuzgewölbe mit Rippen, Quer- und Längsgurten auf Säulen und rechteckigen Wandvorlagen bezw. Eckconsolen.

Strebepfeiler ohne Schmuck.

Fenster rundbogig.

Eingänge auf der Nord- und Südseite, sowie im Thurm, rundbogig mit Ecksäulen, neu.

Im oberen Geschoß des Sakristeianbaus Raum für die von Merveldt'sche Familie mit rundbogiger Oeffnung nach dem Chor. Treppenthurm auf der Oftseite der Sakristei.

Epitaph an der nördlichen Chorwand, Renaissance, Ende des 16. Jahrhunderts, mit Bildnissen von Merveldt'scher Familienglieder, vier Alliancewappen und Inschrift, 2,41 m hoch, 1,94 m lang. (Abbildung Tafel 39.)

3 Glocken mit Inschriften (theilweise unleserlich):

1. 1855 von Boitel und Dübois, 0,91 m Durchmesser.

2. Sanctus benedictus patronus verbum domini manet . . . . MDCCXXII (1722). 1,01 m Durchmesser.

3. me fecit christian vilhelm voigt vatter ruttger voigt der sohn . . . . 1767 (?). 1,41 m Durchmesser.

---

[1] Schwieters, östlicher Theil des Kreises Lüdinghausen, Seite 434.

Privatbesitz.

Romanisches Würfel-Kapitell einer Zwischensäule, von der früheren Kirche stammend, oben 50/30 cm groß, unten 44 cm Durchmesser. (Besitzer: Organist Ueter.)

Romanisches Blatt-Kapitell einer Ecksäule, desgleichen, oben 22/22 cm groß, unten 20 cm Durchmesser. (Besitzer: Kaplan Schwieters.)

Schrank, Renaissance, mit spätgotischen Beschlägen und sechs theils figürlichen, theils Ornament-füllungen, oberer Theil, 1,54 m lang, 0,51 m breit, Thürflügel 0,525/0,54 m groß. (Besitzer: Kaplan Schwieters.)

Schrank und Detail desselben (Schwieters

2. Rittergut Itlingen (Besitzer: von Nagel),
1½ Kilometer östlich von Lüdinghausen.

Schloß[1], Renaissance, Ende des 17. Jahrhunderts.

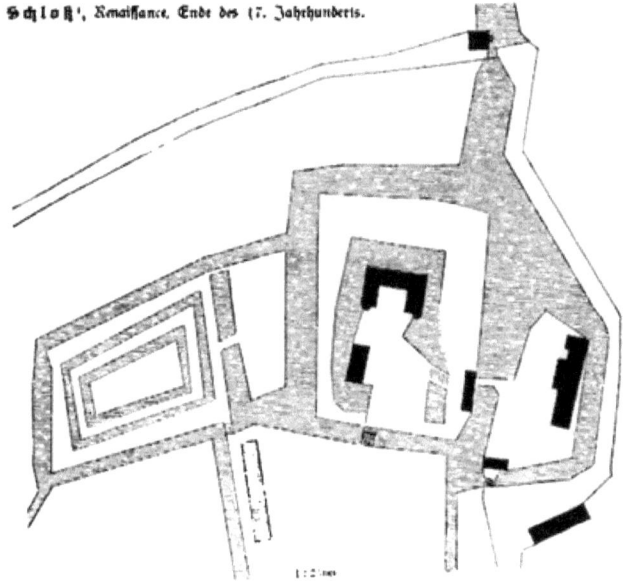

Decke des großen Saals (Spätrenaissance) mit reicher Stuckverzierung. (Abbildung Tafel 40.)

2 Sphinxe, Renaissance, mit Kinderfiguren, am Vorplatz, von Stein, 1,60 m lang, 0,45 m breit, 0,9 m hoch. (Abbildung Tafel 41.)

2 Holzfüllungen, Renaissance, je 33/36 cm groß, mit Wappen und mit Darstellung der Judith. (Abbildung Tafel 41.)

Tischgestell, gotisch, 0,83 m hoch, 0,99 m breit, 0,76 m lang. (Abbildung Tafel 41.)

Wandtisch, Spätrenaissance, 1.. m lang, 0,83 m hoch. (Abbildung Tafel 41.)

[1] Schwieters, östlicher Theil des Kreises Lüdinghausen, Seite 216 f.

3. Rittergut Westerwinkel (von Merveldt),
11 Kilometer südöstlich von Lüdinghausen.

Schloß[1], Renaissance (?gothische Anlage).

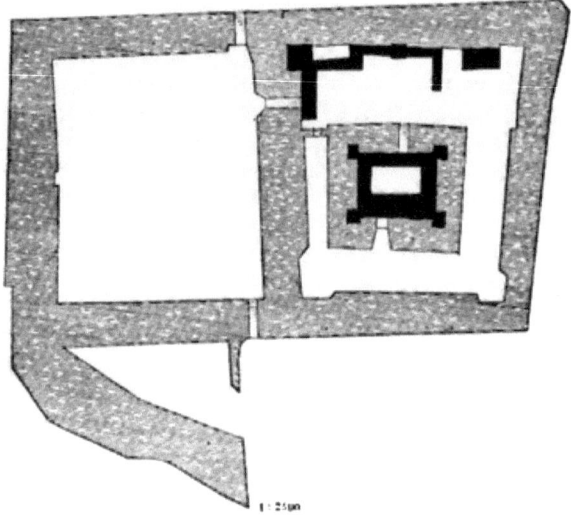

1 : 2500

Hauptgebäude: Viereck mit großem Innenhof und vier Eckthürmen.

Die Nebengebäude mit einem (früher zwei) Eck- und einem Mittelthurm auf der Nordseite.

Erker auf der Westseite des Hauptgebäudes (Abbildung Seite 45).

Kamin mit verziertem Wappenfries, Renaissance, aus dem Schloß zu Wolbeck, Kreis Münster, stammend.

Reiche Gobelins und einige beachtenswerthe Gemälde.

_____

[1] Schwieters, östlicher Theil des Kreises Lüdinghausen, Seite 224 f. Nordhoff, Holz- und Steinbau Westfalens, Seite 214.

Herbern.

Itlingen.

Clichés von Dr. E. Albert, München   Autotypie von B. Gebauß, 1891

Schloß: Süd- und Nordwestansicht
(von Nagel)

Itlingen.

Bau- u. Kunstdenkmäler von Westfalen.　　　　　　Kreis Lüdinghausen.

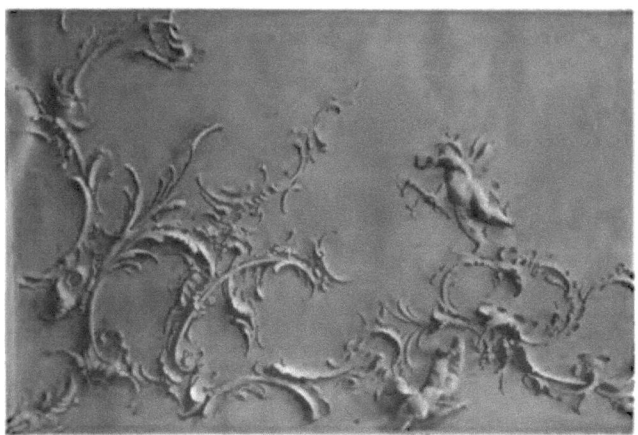

Lichtdruck von Römmler & Jonas, Dresden.　　　　　Aufnahme von H. Cobet 1901.

Schloß: Südostansicht und Saaldecke
von Nagel)

Itlingen.

Cliché von Dr. E. Albert & Co., München.

Aufnahme von E. Eubell. 1894.

Schloß (von Nagel).

1. Sphinx. 2. Holzfüllung. 3. gotischer Tisch. 4. Rokokotisch.

Westerwinkel.

Bau- u. Kunstdenkmäler von Westfalen

Kreis Lüdinghausen

Lichtdruck von Romako & Jonas, Dresden

Aufgenommen von B. Lauterb. 1891

Schloß

Schloß-Bibliothek, Bibelmanuskript, Initialen (von Merveldt).
1. M mit Mariä Verkündigung und C mit Darstellung der Wurzel Jesse. 2. Symbol des Evangelisten Markus.
3. P mit Bekehrung des Paulus. 4. B. 5. D.

Reichhaltige Bibliothek mit 3275 Nummern (919 geschichtliche). Viele auf Pergament geschriebene (meist holländische) Bücher mit prachtvollen Initialen und Randverzierungen, darunter besonders ein Bibel-Manuskript, Großfolio, und ein Brevier in holländischer Sprache. Kleinquart. XV. Jahrhundert. (Abbildungen Tafel 43 und 44.)

Erker

D mit Randverzierung aus einem holländischen Brevier. Nach einer farbigen Copie des † Kaplans H. Sprickmann-Kerkerink. 16 cm hoch.

Hövel.

Die Gemeinde Hövel, bestehend aus dem Dorf und den zwei Bauerschaften Hölter (mit dem Unterbezirk Aquack im nördlichen Theile) und Geinegge, ist umgeben von Bockum, Herbern und Walstedde, des Kreises Lüdinghausen, ferner von Herßen des Kreises Beckum und von Hamm, welches durch die Lippe von Hövel geschieden ist. Die Gemeinde ist rund 16 Kilometer groß und hat 780 katholische Einwohner. Dieselbe gehört zum Amte Drensteinfurt, hat aber einen eigenen Etat.

Quellen und Litteratur:

Das Pfarrarchiv zu Hövel enthält eine ziemliche Anzahl Urkunden, die bis zum 15. Jahrhundert zurückgeben, ferner Kirchenrechnungen aus dem Ende des 15 Jahrhunderts und ein Manuskript geschichtlicher Mittheilungen über Hövel.

Archiv des Hauses Ermelinhof zu Hövel.

Tibus, Gründungs-Geschichte, Seite 613 f.

Schwieters, Geschichtliche Nachrichten über den östlichen Theil des Kreises Lüdinghausen, Seite 195 f, 201 f. — Derselbe, Bauernhöfe, Seite 119 f.

Ortschronik in der Amtsregistratur.

Als Pfarre bestehend wird Hövel urkundlich erwähnt in den Jahren 1217 und 1193.[2]

---

[1] H mit Symbol des Evangelisten Johannes. Aus einem Bibel-Manuskript der Schloßbibliothek zu Westerwinkel. Siehe daselbst Seite 15.

[2] Wilmans, Urkunden Buch, Seite 111; Tibus, Gründungs Geschichte, Seite 621.

Kreis Lüdinghausen.

Lichtdruck von B. Cohen, 1901.

Nro. u. Kunstdenkmäler von Westfalen.

Lichtdruck von Römmler & Jonas, Dresden.

Schloß:

Nebengebäude und Hauskapellchen

(vom Zwinkel)

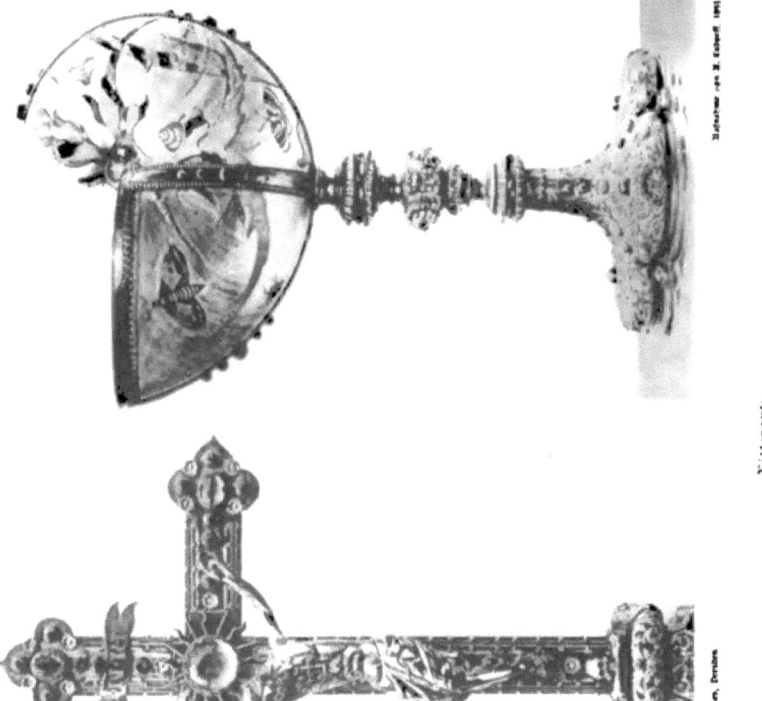

Monstranz von A. Schaub 1884

Gold

Rittergut
von Zur-Mühl

Krug Lüdenghausen

Pat- u. Kunftrathakler von Westfalen

Crucifix

Gravirt von Rümmer & Jürst, Dresden

Die Gründung dürfte in das 12. Jahrhundert fallen. Vordem gehörte das Gebiet zur Pfarre Uhlen.[1]

Das Patronat über die Pfarrstelle war in dem Besitz des Cisterzienserinnenklosters Kentrup zu Hamm. Es ist wahrscheinlich, daß die Herrn von Hövel, die ihren Stammsitz in der Nähe der Kirche zu Hövel hatten, die Pfarre gründeten, indem sie den Grund und Boden für die Kirche und die Wedemhove hergaben. Diese haben dann wohl das Patronat an Kentrup geschenkt.

Patron der Kirche ist der heilige Pankratius Martyr.

Die Vikarie Beatae Mariae Virginis wurde 1603 von dem Pfarrer Baggel als Familienstiftung fundirt.[2]

Das Haus Hövel, Stammsitz des Rittergeschlechts von Hövel. Dasselbe liegt nördlich am Dorfe Hövel. Schon im Anfange des 13. Jahrhunderts saß hier das genannte Geschlecht, dessen Glieder vielfach Burgmänner zu Mark waren;[3] es führt als Wappen einen Schild mit zwei dunkeln Querbalken. Nebenlinien wurden begründet zu Genegge, Lake, Werne, Stockum und Beckendorf. Um 1580 erlosch das Geschlecht; zu dieser Zeit kam das Gut (ein Dolmesteiner Lehen) an von der Reck Heessen, später an von der Reck Kurl, bis dasselbe um 1650 in Diskussion gerieth; der damalige Pfarrer Baggel zu Hövel brachte das Haus mit vielen Ländereien an sich und gründete darauf die obengenannte Vikarie.[4] Der Name des Hauses und auch des Ortes Hövel, Hövele, Huvile, ist gleichbedeutend mit Hügel, indem der Ort eine erhöhte Lage hat.

Das Rittergut Genegge (Geinegge), zwischen Hövel und Hamm, an dem Flüßchen gleichen Namens. Jetzt ist nur noch die Geinegger-Mühle vorhanden. Das Gut ist der Stammsitz des Geschlechts von Genegge, welches in Urkunden des 14 Jahrhunderts vorkommt.[5]

Im 15. Jahrhundert saß zu Genegge ein Zweig der Familie von Hövel. Durch eine Erbtochter dieser Familie kam um 1500 das Gut an Rötger von Fridag, dessen einzige Tochter Petronella wiederum Erbin wurde und Genegge an Union von Laer brachte. Um 1600 kam das Gut schuldenhalber in Diskussion und wurde einem der Hauptgläubiger, dem Th. H. von Merfeld zu Westerwinkel, gerichtlich zugesprochen, dessen Nachkommen zu Westerwinkel es noch besitzen.[6]

Der Rittersitz Ermelinghof liegt in der Nähe der Station Ermelinghof der westfälischen Eisenbahn, 1 Kilometer von Hövel entfernt. 1875 brannte das Herrenhaus ab. Die ältesten Besitzer waren die Ermel. Schon im 13. Jahrhundert folgte das Geschlecht der Ritter von Scheidingen. Die letzte Erbtochter dieses Geschlechts, Ermgard von Scheidingen, heirathete H. von Galen, der wahrscheinlich von dem benachbarten Hause Denne stammte. 1550 trat der Urenkel, Dietrich von Galen, zum Protestantismus über, die Nachkommen aber konvertirten wieder unter dem Fürstbischof Bernard von Galen im Jahre 1652. Um 1780 kam das Gut wegen Schulden zum Verkauf und wurde von Anton von Wintgen erworben.

Diese Familie erlosch im Mannesstamm; eine Tochter heirathete um 1840 den Freiherrn Joseph von Twickel Havixbeck, dessen Geschlecht noch gegenwärtig auf dem Hause Mühl.[7]

[1] Cibus, Gründungs Geschichte, Seite 662.
[2] Pfarr-Archiv.
[3] Wilmans, Urkunden-Buch, vergleiche Register dazu, von C. A. Heyden: Hövel.
[4] Pfarr-Archiv Hövel.
[5] Pfarr-Archiv Hövel.
[6] von Steinen, Westfälische Geschichte I, Seite 1633, und IV, Seite 1740 f.; Archiv Westerwinkel.
[7] Fahne, Geschichte der Herren von Bocholtz; von Galen.

Denkmäler-Verzeichniß der Gemeinde Hövel.

1. Dorf Hövel,
2½ Kilometer südöstlich von Lüdinghausen.

Kirche[1], katholisch, Uebergang. 1892 abgebrochen.

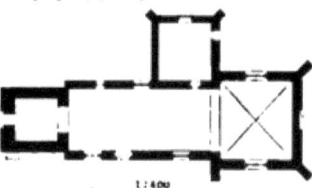

1:400

Einschiffig, mit romanischem Thurm, gerade geschlossenem, gothischem Chor und Sakristei auf der Nordseite.

Holzdecke in Schiff und Sakristei. Kreuzgewölbe im Chor mit Rippen und Schlußstein.

Fenster im Schiff gothisch erweitert bis auf ein rundbogiges auf der Nordseite.

Thurmportal romanisch.

Schalllöcher mit abgefasten, quadratischen Mittelpfeilern, spitzbogig geschlossen. Im Scheitel derselben, an den Pfeilerfasen, dem Kapitell und am Unterglied des Hauptgesimses Verzierungen mit Knöpfchen.

4 Glocken mit Inschriften (nach Schwieters):

1. Ut superis reddant laudes, hanc convoco plebem, fulgura compello, tristem pallio luctum. Sit in honorem dei. Pancratius est mihi nomen. Anno 1511. 1,.. m Durchmesser.

Südostansicht.

Schalloch.

¹ Schwieters, östlicher Theil des Kreises Lüdinghausen, Seite ?

2. Gottfriedus Delape hatt mich gegossen, durch das Fhür bin ich zerflossen. anno 1678. $0_{.4}$ m Durchmesser.

3. Consono sacra . . . . . funera moesta quaeror, aere gregis clerique bonis confracta renascor. Christian Wilhelm Voigt parens et Rotgerus filius me fecerunt anno 1768.

4. Schlagglocke.

2. Rittergut Ermelinghof[1] (von Twickel),

24 Kilometer südöstlich von Lüdinghausen.

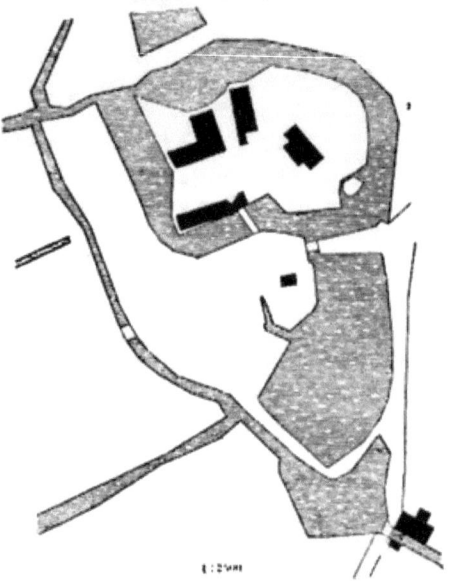

(1 : 2500)

Hauptgebäude, neu bis auf den südöstlichen Treppengiebel.
Uebergebäude, Renaissance, Ziegelrohbau mit Hausteingliederung und Giebelaufsätzen. (Abbild. Taf. 45.)
Schrank, Renaissance, mit Wappenfüllungen, letztere 21/42 cm groß. (Abbildung Seite 50.)
Kruzifix, romanisch. Silber mit Edelsteinen, mit späteren Zuthaten, $0_{.40}$ m hoch. (Abbildung Tafel 46.)
2 Hausaltärchen mit Madonna. Spätrenaissance. Silber und Ebenholz, 50 cm hoch. (Abbildung Tafel 45.)

----

[1] Schwieters, östlicher Theil des Kreises Lüdinghausen, Seite 203 f.
[2] Das Hauptgebäude im früheren Zustande.

Muschelpokal, Renaissance, mit Gravirung 0,₂₁ m hoch. (Abbildung Tafel 46.

Glaspokal, Renaissance, mit gemaltem Bildniß eines Kurfürsten und Pflanzenornament. 25,₆ cm hoch,
(2 cm Durchmesser. (Abbildungen unten.)

1. Schrankfüllung. 2. und 3. Glaspokal und Detail.

Lüdinghaufen.

Die Gemeinde Lüdinghaufen. 85 ☐ Kilometer groß, ist von Seppenrade, Selm, Nordkirchen, Ottmarsbocholt und Senden des Kreises Lüdinghaufen, sowie von Hiddingsel und Dülmen des Kreises Coesfeld umgeben. Dieselbe umfaßt außer dem Stadtgebiet, der alten Bauerschaft Lüdinghaufen, die Bauerschaften Berenbrock, Elvert, Bechtrup, Aldenhövel, Brochtrup, Westrup, Ermen und Tullinghoff. Die Gemeinde zählt an Einwohnern 5100 Katholiken, 120 Protestanten, 39 Israeliten.

Der Name Lüdinghaufen der Gemeinde und Stadt ist von der alten Bauerschaft Lüdinghaufen übernommen. Derselbe findet sich schon in einer Urkunde (siehe weiter unten) vom Jahre 800 in der Form Cludinkhufon und bedeutet Heim oder Sitz des Cludo.[1]

Quellen und Litteratur:

Bürgermeisterei-Archiv der Stadt Lüdinghaufen; Kopien von auf Lüdinghaufen bezüglichen Urkunden von Niesert.

Geschichtliche Abhandlung über Lüdinghaufen, Manuskript von Kaplan Lorenbeck.

Das alte städtische Archiv ist bei dem Brande 1594 vernichtet worden. Das Archiv des Amtshaufes befindet sich im Staatsarchiv zu Münster, das Archiv des Haufes Wolfsberg auf dem Haufe Herfen des Freiherrn von Wolslager, das Archiv des Haufes Vischering auf dem Haufe Darfeld des Grafen Droste, dort wohl auch das Archiv des Haufes Kakesbeck.

J. Tibus, Gründungsgeschichte, Seite 767 f.

J. Schwieters, Geschichtliche Nachrichten über den westlichen Theil des Kreises Lüdinghaufen, Seite 84 bis 214.

Die Pfarre Lüdinghaufen ist, wie Tibus[2] ausführt, eine Gründung des heiligen Ludgerus. Das ergibt sich aus folgenden geschichtlichen Thatsachen mit genügender Sicherheit: Im Jahre 800 schenkten Senelhard und Walfried ihr angeerbtes Besitzthum zu Lüdinghaufen dem Bischof Ludgerus, dieser übertrug dasselbe seinem Kloster Werden. Nach der ältesten Heberolle dieses Klosters, die etwa

---

[1] C aus einem Pergament-Manuskript der Schloßbibliothek zu Nordkirchen (siehe unten). 9 cm hoch.

[2] Tibus, Gründungsgeschichte, Seite 776. Vergleiche Schwieters, Geschichtliche Nachrichten über den westlichen Theil des Kreises Lüdinghaufen, Seite 114.

[3] Gründungsgeschichte, Seite 767.

aus dem Jahre 900 stammt, besaß dasselbe zu Lüdinghausen weit ausgedehnte Güter. Auch die Kirche und die Pfarrstelle gehörten dem Stift Werden an; für spätere Jahrhunderte ist dies aus verschiedenen Urkunden bekannt, aber auch schon in einer Urkunde von 1037, die bei Gelegenheit der Einweihung der damals neu erbauten Kirche aufgenommen wurde, wird ausdrücklich bemerkt, daß die Kirche zu Lüdinghausen unter dem Abt zu Werden stehe. Es wird in der Urkunde ferner von dem zu Lüdinghausen anwesenden Bischof Hermann I. der Kirche für all ihre Güter Zehntfreiheit zugesichert, wie dieselbe auch von den früheren Bischöfen immer für zehntfrei gehalten sei. Hiernach ist es kaum noch zweifelhaft, daß der heilige Ludgerus die erste Kirche zu Lüdinghausen gegründet hat. Cleinnius sagt ausdrücklich in seiner Vita sti Ludgeri, wo er von der Uebertragung der Leiche des hl. Ludgerus von Münster nach Werden im April des Jahres 809 spricht: Multitudo (corpus) . . . . de Mimigardevorda . . . . ad Ludinchusen apud ecclesiam ejus perducebat. [1]

Die Pfarrstelle war denn auch früher fast immer mit Werdener Regularen besetzt. Erst nach einem Vergleich vom Jahre 1074 zwischen dem Bischof zu Münster und dem Abt zu Werden sollten von da an nur mehr Weltpriester von dem Abt für Lüdinghausen präsentirt werden. [2]

Die jetzige Kirche zu Lüdinghausen wurde 1507 und in den folgenden Jahren erbaut; Inschrift an einem Thürsturz: MCCCCCVII op Romanus dach, Heft Bernt van Ermen den ersten steen gelacht: über einer anderen vermauerten Thüre: MCCCC septem chorus cepit ab ymo . . . (?); an einer Säule: MCCCCXV des nesten dages na des hilligen sacramentes dach, do wart de eirste steen to düssen torn gelacht. Anno MCCCCLVIII is düssen torn rede geworden. De selve tid galt 1 scepel roggen ein daler. Um de bequerer (Wiederläuferwirren) blef de Bouw so lange staen. — Patrone der Kirche sind die heiligen Felizitas mit ihren sieben Söhnen.

Verschiedene Vikarien wurden gestiftet: 1445, 1472, 1520 und 1850. Ein Armenhaus gründete 1586 der Amtsherr G. von Raesfeld, ein zweites 1648 D. von hafe Pathlar. 1850 wurde eine jüdische Synagoge erbaut; 1857 ließ A. von Bodelschwingh Sandfort eine evangelische Kirche erbauen. [3]

Die Stadt Lüdinghausen liegt an der Stever, von der sie im Westen in einem weiten Bogen umflossen wird; hier im Westen liegt unmittelbar an der Stadt, von der Stever davon getrennt, das Amtshaus, die ehemalige Burg der Herrn von Lüdinghausen, nördlich an der Stadt das Haus Vischering, südlich das Haus Wolfsberg. Der Ort Lüdinghausen soll schon unter König Heinrich I (916—936) eine Burg und Befestigung erhalten haben. 974 erhielt der Abt zu Werden, Folkmar, für Lüdinghausen von Kaiser Otto II. das Privilegium, einen Jahrmarkt zu halten und Münzen zu schlagen. 1198 wurde dieses Recht von König Otto IV. bestätigt. [4] 1271 bestand die Befestigung aus Gräben, beziehungsweise im Westen aus dem Steverfluß und Wall mit aufstehenden Bretterpalisaden. Damals waren der Ort und die Burgen Lüdinghausen und Wolfsberg von dem Bischof Gerhard von Münster belagert und eingenommen worden wegen der Räubereien, welche die Herrn von Lüdinghausen im Stift Münster verübt hatten. Es wurde dann in dem Vergleich zwischen dem Bischofe und den Herrn von Lüdinghausen festgesetzt, daß der Bischof befugt sein solle, die Gräben auszufüllen, die Wälle zu

[1] Lakomblat, Urkunden Buch I th., Archiv II. 210, Erhard, Codex 124, Geschichtsquellen des Stifts Münster, by W. Diekamp, Band IV. Seite 201

[2] J. Schwieters, Geschichtliche Nachrichten über den westlichen Theil des Kreises Lüdinghausen. Seite 295.

[3] Akten im Bürgermeisterei Archiv zu Lüdinghausen.

[4] A. Tibus, Gründungsgeschichte, Seite 704, Erhard, Regesten Nr. 433 und 2110; über einige erhaltene Lüdinghauser Münzen; siehe Schwieters, Geschichtliche Nachrichten über den westlichen Theil des Kreises Lüdinghausen. Seite 121.

schleifen, die Thürme (Burgarethen) und Palisaden zu verbrennen.[1] Doch scheint es nicht dazu gekommen zu sein, vielmehr wurden die Befestigungswerke von den Herrn zu Wolfsberg wieder hergestellt. 1312 entstand eine Fehde zwischen Herrn von Lüdinghausen und den Vettern auf Wolfsberg. Als 1314 die Aussöhnung zu Stande kam, wurde von Bischof Ludwig, dem Verbündeten Hermanns von Lüdinghausen, wiederum stipulirt, daß Lüdinghausen nie wieder befestigt werden solle „myt planken, muren, thunen, ofte graven", und daß der Bischof die vorhandenen Stadtgräben ausfüllen könne.[2] Indessen blieb auch jetzt die Befestigung bestehen, beziehungsweise wurde wieder hergestellt, wie die Kriege der folgenden Jahrhunderte zeigen, bis man endlich nach dem dreißigjährigen Kriege einsah, daß der Nutzen derselben sehr zweifelhafter Natur, dabei die Unterhaltung sehr kostbar sei, und die Werke dem allmähligen Verfall überließ. Um 1800 waren nur noch einige Thorhäuser mit ihren von Schießscharten durchbrochenen Mauern vorhanden. 1705 erhoben Hermann H. von Lüdinghausen und sein Vetter Heidenreich von Wulf auf Wolfsberg den Ort Lüdinghausen zu einer Stadt, bewidmeten ihn mit dem Recht der Stadt Münster, erlaubten die Abhaltung von zwei Wochenmärkten und bestimmten, daß der Ort (wahrscheinlich gemeint die Festungswerke) von Grund aus neugebaut werden solle.[3] Landtagsfähigkeit hat Lüdinghausen nie erlangt, wohl aus dem Grunde nicht, weil es unter Herrschaft der Herrn von Lüdinghausen blieb und diese ohnehin Mitglieder des Landtags waren. Als Stadtwappen wurde eine rothe Glocke in goldenem Felde eingeführt. Veranlassung zu diesem Emblem gab jedenfalls der Name Lüdinghausen, der nach der Sage umgekehrt von dem selbstthätigen Läuten der Glocken bei dem Transport der Leiche des heiligen Ludgerus im Jahre 809 durch Lüdinghausen entstanden sein soll.

Die Stadt wurde von größeren Brandunglücken heimgesucht: 1448, 1568, 1594, 1619, 1624, 1692, 1832;[4] dieselbe von feindlichen Truppen eingenommen: 1271 von Bischof Gerhard, 1598 von den Spaniern, 1633 von dem Landgrafen W. von Hessen, 1634 im Februar von kaiserlichen Truppen, im Juni von den Hessen und Lüneburgern.[5]

Die Burg und Herrlichkeit Lüdinghausen. Mit den oben erwähnten Gütern des Stifts Werden war schon im 12. Jahrhundert ein Geschlecht belehnt, welches sich den Namen von Lüdinghausen beilegte und einen zweischwänzigen Wolf im sechsmal gestreiften Felde als Wappen führte. Das Geschlecht hat wahrscheinlich ursprünglich auf dem Schulzenhofe Lüdinghausen, dann auf einer Burg daneben, die in dem Bereich der Stadt lag, gewohnt; aber schon im 13. Jahrhundert hatte es sich eine Burg jenseits der Stever, im Westen außerhalb des Orts gegründet, die mehrfach mit tiefen Gräben und hohen Wällen, wie man jetzt noch sieht, umgeben war. Die Herrn von Lüdinghausen waren Vasallen des Abts zu Werden, denen sie eine bestimmte Lehnspacht zu entrichten und den Eid der Treue zu leisten hatten. Dazu waren sie Officiati oder Amtmänner des Bischofs zu Münster in dem Amte Lüdinghausen, welches nur diesen einen Ort umfaßte. Indem sie diesen

---

[1] Wilmans, Urkunden-Buch. 1666.

[2] J. Niesert, Beiträge zu einem Münsterschen Urkunden-Buche. 1. Band, 2. Abtheilung, Seite 190.

[3] Staatsarchiv zu Münster. Urkunden der Stadt Lüdinghausen.

[4] Stangefol, Annalen III. Seite 508 und IV. Seite 87; zwei Inschriften am Thurmpfeiler; Geschichts-Quellen des Bisthums Münster III. Seite 242; Inschrift am Thorpfeiler; Bürgermeisterei-Archiv zu Lüdinghausen.

[5] Siehe weiter unten: Amthaus, ferner Geschichts-Quellen des Bisthums Münster III. Seite 131; Archiv zu Haus Darfeld des Grafen Drohe; Schmeisers, Geschichtliche Nachrichten über den westlichen Theil des Kreises Lüdinghausen, Seite 100 ff.; Geschichts-Quellen des Bisthums Münster III. Seite 253; Chronik in Niesert's Manuskripten.

Titel führten, erkannten sie damit die Landesoberherrlichkeit des Bischofs als Fürsten an. Trotzdem schalteten sie ziemlich selbstständig in ihrem Bereich, indem sie sich nicht bloß als Grundherren, sondern auch als gebietende Territorialherren von Lüdinghausen gerirten, den Ort Lüdinghausen zum Beispiel aus eigener Macht zum Range einer Stadt erhoben, mit ihren Vasallen und reisigen Knechten von ihrer festen Stadt und Burg aus, sowie durch Bündnisse mit fremden Fürsten und Herren nicht selten dem Fürstbischofe Trotz boten und Unbequemlichkeiten bereiteten. Dazu hatten sie auch als Inhaber des Orts-Patrimonialgerichts und später durch Ankauf des benachbarten Freistuhls „ad sambucum" die ganze Rechtspflege in Händen.

Um 1250 bis 1300 lebten die zwei Brüder Hermann und Bernard von Lüdinghausen, letzterer auf der Burg Wolfsberg. Dieselben hatten durch Fehden und Beutezüge den Landfrieden gestört. Deshalb zog 1271 der Bischof Gerhard gegen Lüdinghausen, belagerte und eroberte dasselbe nebst den zwei Burgen Lüdinghausen und Wolfsberg, so daß die Brüder gezwungen wurden, sich ihm zu unterwerfen und ihre Burgen ihm zu „Offenhäusern" zu machen. Der Bischof mochte ihnen aber wenig trauen, deshalb schloß er im Lager vor Lüdinghausen mit Albert Droste, bis dahin Burgmann zu Dülmen, einen Vertrag, wonach dieser die bischöfliche, später Dischering genannte, Burg bei Lüdinghausen im Interesse des Bischofs vertheidigen solle gegen Jedermann.[1]

1312 gerieth Hermann von Lüdinghausen (II.) in Streit und Fehde mit den Vettern auf Wolfsberg wegen Auseinandersetzung der großväterlichen Güter. Er verbündete sich mit dem Bischof Ludwig von Münster, die Burg der Wölfe zu zerstören, und dieselben zur Herausgabe der Güter zu zwingen. 1314 kam die Aussöhnung zu Stande, in der beide ihre Burgen dem Bischofe als Offenhaus auftrugen.[2]

Der Urenkel des Genannten, Hermann V., der um 1365 die Herrschaft zu Lüdinghausen antrat, wurde 1369 in eine Fehde verwickelt mit dem Grafen Engelbert III. von der Mark.[3]

Der letzte des Geschlechts war Ludolf, der Sohn Hermanns V. Da er ohne Leibeserben war, so bewarb sich schon zu seinen Lebenszeiten der Bischof von Münster, Heinrich von Mörs, bei dem Abt zu Werden um die Belehnung mit dem Hause und der Herrschaft Lüdinghausen, die ihm denn auch wirklich schon im Jahre 1427 zu Theil wurde. 1441 brachte er es dahin, daß mit Genehmigung Ludolfs die Wächter, Pförtner und Thurmknechte der Burg Lüdinghausen, sowie die Bürgermeister nebst Rath und Gemeinheit der Stadt Lüdinghausen ihm den Eid der Treue schworen. Ludolf aber behielt die Herrschaft und sollte jedes Jahr von dem Bischofe zwei Fuder guten Weines erhalten.[4]

Ludolf von Lüdinghausen starb 1443 in der Oktav von Petri und Pauli; sein Epitaph soll noch im vorigen Jahrhundert in der Kirche zu Lüdinghausen vorhanden gewesen sein und die Inschrift getragen haben: Hic jacet in luto, qui fuit haeres in uno. Lüdinghausen ging jetzt auf Grund der Belehnung an den Bischof über. Aber schon der dritte Nachfolger Heinrichs von Mörs, nämlich Konrad von Rietberg (1497 bis 1508) verkaufte 1499 Haus, Freiheit und Herrlichkeit Lüdinghausen an den Domkellner Diedrich von Heiden für 7000 Gulden. 1509 am Tage nach heil. drei Könige cedirten dann die Testamentsexekutoren des von Heiden die Güter dem Gesammtdomkapitel, und dieses blieb seitdem in dem Besitz derselben bis zur Säkularisation.

[1] Wilmans, Urkunden-Sammlung &c. &c. 90b.
[2] Staatsarchiv zu Münster, Urkunden der Stadt Lüdinghausen.
[3] Den interessanten Bericht darüber siehe bei Gert van der Schüren, Seite 38.
[4] Staatsarchiv, Lüdinghausener Urkunden.

Einer der Domherrn pflegte, wenigstens in den ersten Jahrhunderten, auf der Burg Lüdinghausen zu wohnen. Er verwaltete die Güter und hatte zugleich die Obliegenheiten eines Drosten oder Amtmanns zu Lüdinghausen, weshalb er Amtherr und die Burg seitdem Amthaus genannt wurde. Der Amtherr Godfried (Godert) von Raesfeld erbaute in den Jahren 1569 bis 1573 das jetzt noch vorhandene Amthaus, da die alte Burg baufällig war, und wohl auch nicht die den neuen Verhältnissen entsprechende Einrichtung hatte; eine Inschrift an dem Hause lautet: Hec nova de Raesfeldt Godtfridus tecta Decanus confecit, verae posteritatis amans 1573. Godfried von Raesfeld hat auch für Münster sich große Verdienste erworben.

Bis zum Jahre 1630 war Christoph Bernard von Galen, der spätere Bischof, Amtherr zu Lüdinghausen. 1652 schenkte er seinem Nachfolger beziehungsweise dem Amthause eine silberne Glocke mit der Umschrift: Ch. Bd. de Galen 1650 in episcopum electus Dno. Ottoni de Korf successoribus que ejus in arce Lüdinghausen gratis dono dedit.

Zur Zeit der Säkularisation 1803 gehörten 90 Höfe und Kotten zu dem Amthause; diese wurden durch Ablöse selbstständig. Zur Zeit ist die Stadt Lüdinghausen Besitzerin des Amthauses und dient dasselbe der blühenden städtischen Landwirthschafts- und Ackerbauschule als Heim.

Das Rittergut Wolfsberg liegt südlich an der Stadt Lüdinghausen, durch die Stever von derselben getrennt. Es findet sich zuerst urkundlich erwähnt im Jahre 1271, wo es mit der Burg und Festung Lüdinghausen von dem Bischof Gerhard belagert und eingenommen wurde.[1]

Der damalige Besitzer des Wolfsberges war Bernard von Lüdinghausen, genannt Wolf. Er und seine Nachkommen führen das Wappen der von Lüdinghausen: einen zweischwänzigen Wolf (aus dem später ein Löwe wurde), im sechsmal gestreiften Schilde; der Zuname Wolf wurde Familienname der Nachkommen.[2] Bernard war verheirathet mit Regelinde, Tochter des Schulzen Heinrich von Soest. Von seinen Söhnen setzte Heidenreich die Linie zu Wolfsberg weiter fort. 1308 nahm derselbe als Bannerherr des Bischofs von Münster Theil an einer Fehde desselben und des Grafen Engelbert von der Mark gegen den Bischof Ludwig von Osnabrück, in der es auf dem Hallerfelde zu einem heißen Treffen kam.[3]

Mit Heinrich von Wulf erlosch das Geschlecht im Mannesstamme; die Tochter Verhade wurde Erbin, heirathete um 1380 Lübeke von Hake und brachte diesem, beziehungsweise dem Sohne das Gut zu. Das Geschlecht führt in goldenem Schilde ein schwarzes mit neun goldenen Perlen besetztes Kreuz als Wappen. Johann von Hake, den 1514 das Erbe antrat und den wir 1535 im Belagerungsheere vor Münster antreffen,[4] starb kinderlos im Jahre 1536 oder 1537. Die Güter gelangten an seine Geschwister. Die Schwester Johanns, Hille, Frau des Gödeke von Schenking zu Ostbevern, erhielt Wolfsberg mit Gericht und Freiheit. Sie vererbte dasselbe an ihre Enkelin Ermgard von Schenking, die seit 1549 mit Johann von der Reck Heerßen verheirathet war. So kam Wolfsberg an diese Familie von der Reck, der im Jahre 1778 zu Heerßen die Familie von Böselager folgte.

[1] Wilmans, Urkunden-Sammlung Nr. 906.

[2] Ueber die angebliche Entstehung des Namens Wolf und des Familienwappens vergleiche die unverbürgten Mittheilungen in der Chronik des Bernard von Wulf-Füchteln, Schwieters, Geschichtliche Nachrichten über den westlichen Theil des Kreises Lüdinghausen. Seite 204 und 379.

[3] E. Erdmann, Geschichte des Fürstenthums und Hochstifts Osnabrück Geschichts-Quellen des Bisthums Münster I. Seite 124.

[4] Zeitschrift für Geschichte und Alterthumskunde XXIV. Seite 328.

Das Rittergut Dischering. Dasselbe gehört, wiewohl nahe an der Stadt liegend, der Bauerschaft Berenbrock an, über die dem Hause Dischering Herrlichkeit, Gericht, Accise und Bierzwang von jeher eigen war.[1] Die Burg, die erst später, im 14. Jahrhundert, den Namen Dischering erhielt, war schon 1271 in dem Besitz der Familie Droste.[2] Das Geschlecht wohnte auf Dischering bis um 1640 und verlegte dann seinen Wohnsitz nach Darfeld, welches der Domburscner Goswin Droste 4. April 1640 von Rudolph von Galen Ermelinghof (bis um 1650 die von Dorden Besitzer) erwarb und seiner Familie überließ.[3]

Dischering ist noch jetzt in dem Besitz der gräflichen Familie Droste, ein seltenes Beispiel, daß ein Rittersitz so lange bei einer und derselben Familie verblieben.

Das Rittergut Hakesbeck, landtagsfähiges Gut in der Bauerschaft Elvert, 4 Kilometer von Lüdinghausen. Die ältesten bekannten Besitzer waren die Droste; Albert Droste trägt 1341 Samstag nach Pauli Bekehrung seine Burg Hakesbeck dem Bischof Ludwig als Offenhaus auf, und empfängt dieselbe dann als Lehen zurück. Der Sohn Bernard war der letzte des Mannesstammes. Seine Tochter Gödeke verheirathete sich mit Heidenreich von Oer Horneburg, der schon 1384 mit seinem Schwiegervater eine Urkunde unterzeichnet. Dieser begründete die Linie von Oer zu Hakesbeck (goldener Schild mit rechtsschrägen, durch eine Zickzacklinie in blau- und silber getheiltem Balken).[4]

Ueber die Fehde der Mechtilde, Wittwe Lamberts von Oer mit Gert von Morrien Nordkirchen in den Jahren 1466—1468 vergleiche Schwieters.[5]

1518 begann die schwere Fehde zwischen Lambert von Oer und Godert von Harmen, in der Letzterer dem Lambert in der Christnacht 1518 das eiserne Halsband umwarf, und die erst im Jahre 1528 beigelegt wurde.[6]

Die Linie von Oer zu Hakesbeck starb um 1680 aus; Judith Jabella von Oer, Erbin zu Hakesbeck, verheirathete sich mit Diedrich von der Reck zu Reck und brachte das Gut Hakesbeck an diese Familie. Diedrich Adolph von der Reck gerieth um 1780 in Konkurs und Hakesbeck ging jetzt durch Kauf an den Freiherrn Droste Erbdroste zu Darfeld über, dessen Familie dasselbe noch jetzt besitzt.

Das Rittergut Pehof, landtagsfähiges Gut in der Bauerschaft Tüllinghoff an der Stever. Hier saß 1550 bis 1560 ein Zweig der Familie von Droste Senden. Dann war das Gut 110 Jahre lang in dem Besitz der Familie von Dorth bis um 1680, wo der Domscholaster Hermann von der Reck dasselbe durch Kauf erwarb. Nach dessen Tode 1702 überließen die Testamentsexekutoren das Gut dem Freiherrn Droste Dischering zu Darfeld, dessen Familie noch Besitzerin desselben ist. (Jetzt Pachtgut)

Das Rittergut Pahlar, an der Stever, unweit der Landstraße Lüdinghausen-Nordkirchen, 1½ Kilometer südöstlich von der Stadt Lüdinghausen. Ursprünglich eine bischöfliche, mit Burgmännern besetzte Burg zur Vertheidigung des Landes. 1349 belagerte Bischof Ludwig die Burg, weil die Burgmänner mit dem Grafen Engelbert von der Mark gemeine Sache gemacht hatten, wurde aber

---

[1] Archiv des Hauses Darfeld
[2] Wilmans, Urkunden-Sammlung 456.
[3] J. Tibus, Gründungsgeschichte, Seite 1125 f. B. Brockmann, die Bauernhöfe der Gemeinde . . . . Ballerbeck . . . . Seite 208
[4] Fahne, Geschichte der Herren von Bösel; von Oer.
[5] Geschichtliche Nachrichten über den westlichen Theil des Kreises Lüdinghausen, Seite 251.
[6] von Steinen, Westfälische Geschichte III Seite 1084; Schwieters, am angeführten Orte, Seite 256; Akten des Staatsarchivs zu Münster; Geschichts-Quellen des Bisthums Münster III 259

von den Markanen gezwungen, die Belagerung aufzuheben und mit Zurücklassung aller Habe zu fliehen.[1] 1390 wurde Patzlar von dem Graf von der Mark in einer Fehde gegen den Bischof Heidenreich von Münster erobert und verbrannt. Später verlor Patzlar seinen Charakter als Landesburg und war dann, etwa 1450 bis 1670, erbliches Lehen und Wohnsitz der von Hake, einer Seitenlinie der von Hake-Wolfsberg. Um 1670 beim Aussterben dieses Geschlechts kam das Gut an die verwandte Familie von Graes-Loburg, die es als Pachtgut elocirte. Jetzt ist es ein einfacher Bauernhof.[2]

Das Rittergut Ermen, in der Bauerschaft gleichen Namens, mitten in dem Walde Ermenholz gelegen, ein Lehnsgut des Domkapitels zu Münster. Schon um 1500 war kaum noch die Stätte bekannt, wo das Haus gelegen hatte. Es ist der Stammsitz des Rittergeschlechts von Ermen oder von Ermel.

Das Rittergut Alrodt, an der Mündung des Teufelsbaches in die Siever, in der Bauerschaft Ermen gelegen, bischöflich münsterisches Lehen. In älterer Zeit trug die Familie von Ermel das Gut zu Lehen; dieselbe erlosch um 1520. Alrodt kam jetzt an Sunbach von Münster (Schild mit zwei Querbalken), Sohn des Vitus von Münster zu Ulst und der Dorothea von Ermel. Sunbach starb um 1588 und seine Güter kamen darauf in Diskussion. Alrodt kam durch Kauf an Johann von Dorth. 1705 verkaufte die Wittwe des Heinrich Friedrich von Dorth (ihre Hälfte von) Alrodt für 21500 Thaler an den Fürstbischof Christian Friedrich von Plettenberg, der das Gut mit der Herrschaft Nordkirchen vereinigte, wozu es noch gehört. Das Haus ist in diesem Jahrhundert verschwunden.[3]

[1] Geschichts-Quellen des Bisthums Münster I. 44

[2] Lehnsbuch des Bischofs Florenz von Wevelinkhoven; Schwieters, Geschichtliche Nachrichten über den westlichen Theil des Kreises Lüdinghausen, Seite 262; Mittheilung des Herrn Freiherrn M. von Spiessen.

[3] Gräflich Esterhazy'sches Archiv zu Nordkirchen.

Denkmäler-Verzeichniß der Gemeinde Lüdinghausen.

1 Stadt.

Kirche[1], katholisch, gothisch, Anfang des 16. Jahrhunderts.

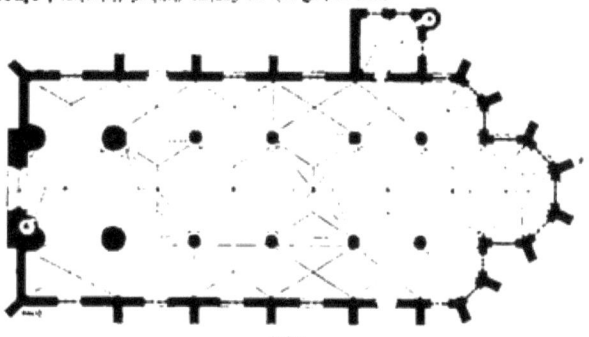

1 : 400.

Dreischiffige, fünfjochige Hallenkirche mit ½. Chor, Westthurm und zweijochiger, zwei-geschossiger Sakristei auf der Nordseite, letztere mit Giebel und Treppenthürmchen.

Die Seitenschiffe nach Westen bis zur Westseite des Thurms verlängert, nach Osten das letzte Joch des Schiffs mit drei Seiten des Achtecks umschließend.

Die Sterngewölbe im Mittelschiff und Thurm (Abbildung Tafel 48), deren Diagonal-rippen mit Maßwerkendigung, auf Säulen.

Die Sterngewölbe des Chors ohne Diagonalrippen auf Wanddiensten, deren Kapitelle mit Laubwerk.

Kreuzgewölbe in den Seitenschiffen und der Sakristei. Die Rippen ersterer gleichfalls auf Wanddiensten ruhend.

Die Längsgurte rechteckig mit Hohlkehlprofilirung.

Die Gurtbogen des Thurmes flachbogig profiliert mit eingelegten Rundstäben.

Fenster mit früh- und spätgothischem Maßwerk, dreitheilig ausgenommen die zweitheiligen der Sakristei und je zwei der Seitenschiffschlüsse, sowie die im Obergeschoß des Thurmes und das sechstheilige West-Portal-Fenster.

Portale gerade geschlossen, das westliche mit Mittelpfeiler.

Der Thurm in vier Geschossen, Gallerie auf dem Hauptgesims neu. Auf der West-seite des zweiten und auf vier Seiten des vierten Geschosses Bogenfriese auf Säulchen. Auf

---

[1] Schwieters, Westlicher Theil des Kreises Lüdinghausen. Seite 245 f. Lubke, Westfalen, Seite 291–293.
[2] Die Maßwerkendigung der Diagonalrippen ist im östlichen Joche nicht vorhanden. Die vier östlichen Fenster der Seitenschiffschlüsse sind nicht drei- sondern zweitheilig.

der Westseite des zweiten und auf drei Seiten des dritten Geschosses dreitheilige Mauernischen mit Maßwerk. An den vier Ecken des dritten Geschosses Figuren unter Baldachinen. Dachaufbau neu.

Taufstein[1], romanisch, rund mit Blattfries, 1,05 m hoch. 0,69 m Durchmesser. (Abbildung Tafel 48.)

Sakramentshäuschen[2], spätgothisch, sechsseitig, auf Löwen ruhend, reicher Aufbau mit dem Pelikan. an der Nordseite des Chors. (Abbildung Tafel 49.)

Thür der Sakristei gothisch mit acht quadratischen Füllungen in Kreisverzierungen der Rahmhölzer, 1,00 m hoch, 0,98 m breit. (Abbildung Tafel 50.)

Handtuchhalter[3], gothisch, 16. Jahrhundert, Vorderseite viertheilig mit Wappenschild, 42 cm Durchmesser, in zwei Haken an der Wand drehbar, 77 cm lang, 65 cm hoch. (Abbildung Tafel 50.)

Anlehnbank, Renaissance. wohl Vordertheil eines Bettes, 1,60 m lang, 0,63 m hoch. (Abbildung Tafel 50.)

Vortragekreuz, gothisch, Christus 0,196 m hoch, 0,17 m Armspannung. (Abbildung Tafel 54.)

Johannisteller, gothisch, von Holz, Relief, 0,... m Durchmesser. (Abbildung Tafel 51.)

St. Felicitas, gothisch. von Holz, Statue, mit ihren sieben Söhnen, 0,66 m hoch. (Abbildung Tafel 53.)

Ciborium[4], XII. Jahrhundert, achttheiliger Knauf mit runden und rautenförmigen Knöpfen.

Fuß mit vier runden Reliefs. die Verkündigung Mariae, Geburt, Kreuzigung und Auferstehung Christi darstellend. Oberer Theil neu, silbervergoldet, 33 cm hoch. (Abbildung Tafel 52.)

Ciborium, gothisch, XV. Jahrhundert, mit reichem Figurenschmuck. Knauf mit Maßwerk, Silber, 0,... m hoch. (Abbildung Tafel 53.)

3 Kelche[5], 15, 18 und 16,5 cm hoch. (Abbildung Tafel 54.)

4 Leuchter, wie in Ascheberg, 15.—16. Jahrhundert, 25 und 37 cm hoch. (Abbildung Tafel l.)

Inschriften des südlichen Thurmpfeilers, die Bauzeiten des Thurmes und Brände betreffend. (Abbildung Seite 55.)

Inschriften an den Eingängen der Nord- und Südseite, gothisch, über Gründung der Kirche (siehe S. 52.)

Inschrift, gothisch, Jhs, Mar, am südöstlichen Strebepfeiler.

4 Glocken mit Inschriften:

1. Sanctus Ludgerus dü trahor, audite, voco vos ad gaudia vitae, defunctos plango, vivos voco.
   Sts. Alexander vocor. Anno DM°CCCCC° (1500). 1,00 m Durchmesser.

2. Sta caterina by ych genät gehore vä den heyde Wan ych rope, to komet to hat
   dat gy von gode nycht entscheyden St. Ludgerus. Anno D°M° CCCCC° (1500).
   1,17 m Durchmesser.

3. Nomen campanae Sancta Felicitas.
   Signum dono choro, fleo funera, festa decoro. Sancta Felicitas cum septem filiis Patrona ecclesiae in Lüdinghausen. anno 1686.
   Matth. Friedr. a Reck praep St. Mauri Dom. in Ludingha. (Wappen.)
   A. Arnoldt Kappenberch me fecit. 0,994 m Durchmesser.

4. 0,69 m Durchmesser, ohne Inschrift.

[1] Lübke. Westfalen, Seite 372.
[2] Lübke. Westfalen, Seite 505.
[3] Katalog der Ausstellung des Alterthumsvereins 1879. Nr. 1370.
[4] Katalog der Ausstellung des Alterthumsvereins 1879. Nr. 354.
[5] Katalog der Ausstellung des Alterthumsvereins 1879. Nr. 514 und 523.

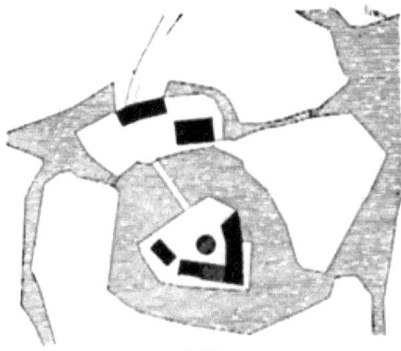

Amthaus[1] (Burg Lüdinghausen).

Hauptgebäude, Renaissance, 16. Jahrhundert. Hauftein.

1 : 2400

Reiche Thür- und Fensterbekrönungen und Einfassungen.
Eingang zur Nebentreppe 1,₀₀ m breit. (Abbildung Tafel 58.)
Eingang des Seitenflügels 1,₀₁ und 1,₁₀ m breit. (Abbildung Tafel 58.)

Wappentafel[2] und **Brunnennische** mit Jahreszahlen und Inschriften, letztere 1,₀₆ m i. L. Preise enthaltend:

Im Jahr do man 1573 vd 74 telt

Ein aem. Wins 24	
Ein rat bottern 42	
Ein rat herings 10	
Ein loep salts 5	daler galt
Ein molt rogge 6½	
Ein molt gersten 5½	
Ein molt haveren 4	(Abbildung Tafel 57.)

Reliefs und **Wappen** auf der Nordwand des großen Saales, mit gothischer Balkendecke (Abbildung Tafel 56). An der Südseite desselben:

Thüreinfassung, 1,₀₀ m lang, und **Kaminfries,** letzterer 1,₁₀/0,₅₀ m groß. (Abbildungen Tafel 58.)

Kamine mit Wappenfriesen, 1,₄₅/0,₆₁ m groß und sonstigen Darstellungen in den übrigen Räumen. (Abbildungen Tafel 57 und 58.)

---

[1] Schwieters, Westlicher Theil des Kreises Lüdinghausen. Seite 105 f. — Nordhoff, Holz- und Steinbau Westfalens, Seite 234, 247 und 350, Tafel V 2.

[2] Inschrift siehe oben Seite 51.

Nebengebäude, Renaissance; im oberen Geschosse Ziegelbau, mit Giebelaufsätzen.

Nebengebäude des Amthauses.

Rittergut Wolfsberg[1], Renaissance, 16. Jahrhundert, schlicht.

[1] Schwieters, Westlicher Theil des Kreises Lüdinghausen, Seite 204 f. — Nordhoff, Holz- und Steinbau Westfalens, Seite 234 und 247.

62

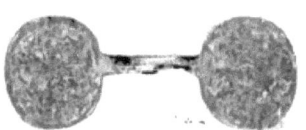

Waffeleifen (Janfen) 14 cm Durchmeffer
mit Hirfch und Doppeladler.

2. Rittergut Difchering (Befitzer: von Drofte),

1 Kilometer nördlich von Lüdinghaufen.

Schloß[1], Renaiffance, 16. Jahrhundert. Anlage 13. Jahrhundert.

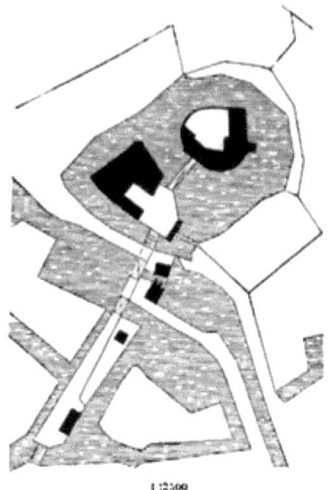

1:2500

Feldftein-, Hauftein- und Ziegelrohbau gemifcht, ringförmig, Anbau nach Südoften, Hof im Nordweften mit Thurm.

Unteres Gefchoß gewölbt, im füdöftlichen älteren Theile Gratgewölbe zwifchen einfachen Gurten auf fchlichten Säulen. Ein Theil der oberen Räume mit gothifchen, gemalten Holzdecken.

—————

[1] Schwieters, Weftlicher Theil des Kreifes Lüdinghaufen, Seite 224 f. — Nordhoff, Holz- und Steinbau Weftfalens, Seite 247.

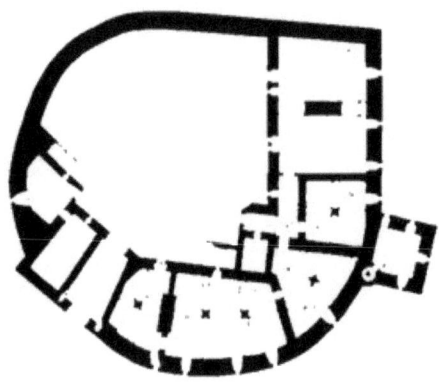

1 : 400

Grundriß des unteren Geschoffes.

Wappentafeln und Reliefs, am südöstlichen Anbau und im Hofe, 1,0 m Durchmesser, beziehungsweise 1,30 m hoch. (Abbildungen Seite 62.)

Inschrift am Haupteingang: anno dm MCCCCCXIX (1519).

Himmelbett, Renaissance, 1,65 m breit, 2,10 m lang, 2,70 m hoch mit Reliefs, darunter vier Darstellungen von Adam und Eva, je 82 cm hoch. (Abbildung Tafel 63.)

3 **gothische Holzfiguren**: Pieta 0,30 m hoch, St. Georg 0,45 m hoch und Madonna 0,62 m hoch. (Abbildungen Tafel 64.)

Gothische Steinfigur, kniend, 0,16 m hoch.

Nebengebäude mit Jahreszahl 1584.

Zugbrücke mit Wappentafel und Schießscharten. (Abbildung Tafel 65.)

Kapelle unbedeutend.

3. Rittergut Ratesbeck¹ (Besitzer: von Droste),

5 Kilometer nördlich von Lüdinghausen.

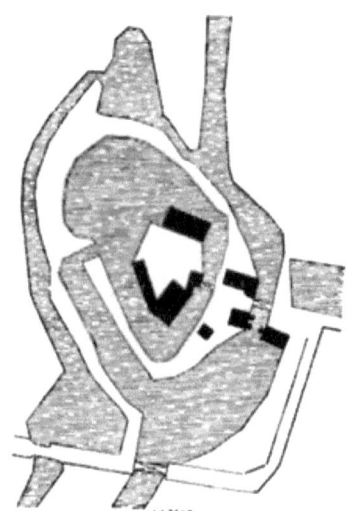

1 : 2500

Hauptgebäude, Renaissance, einfach.

Nebengebäude, theilweise gothisch, mit Wappentafeln.

¹ Schwieters, Westlicher Theil des Kreises Lüdinghausen, Seite 246 f.

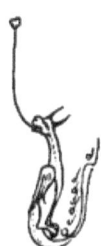

Lichtdruck von Römmler & Jonas, Dresden.

Kirche: Nordostansicht.

Aufnahme von R. Eckart, 1891

Lüdinghausen.

Lichtdr. von Dr. E. Albert & Co., München.   Aufnahme von H. Luborff, 1891.

Kirche.

1. Thurmgewölbe; 2. Taufstein; 3. Thurm-Westseite; 4. Westportal.

Lichtdruck von Römmler & Jonas, Dresden.

Aufnahme von K. Lübeck, 1911.

Kirche: Sakramentshäuschen.

Lüdinghausen.

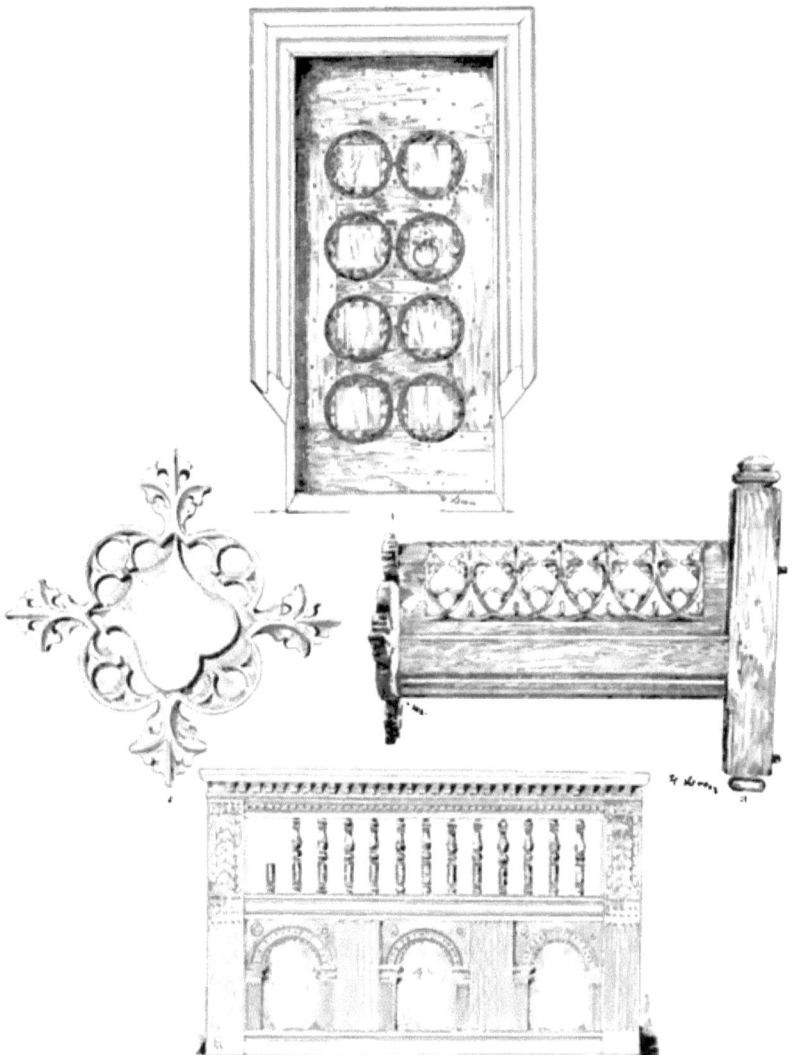

Lichtdruck von Römmler & Jonas, Dresden.   Aufnahme von K. Laboff, 1901.

Kirche: Johannis-Teller und Churm-Detail.

Kirche Südinghausen.

Aufnahme von R. Schmidt, 1911

Lüdinghausen

Bau- u. Kunstdenkmäler von Westfalen.

Lichtdruck von Hermann A. Jarosch, Berlin

Lüdinghausen.

Lichtdruck von Römmler & Jonas, Dresden.

Kirche:

Ciborium

St. Felicitas

Lüdinghausen.

1

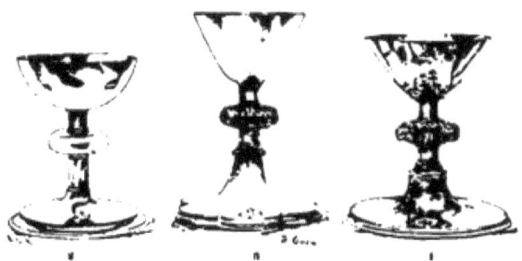

2   3   4

Lichtdr. von Dr. E. Albert & Co., München.   Aufnahme von H. Cramer. 1891.

Kirche:
1. Vortragkreuz; 2., 3. und 4. Kelche.

Lüdinghausen.

Bau- und Kunstdenkmäler von Westfalen.

Kreis Lüdinghausen.

1

2

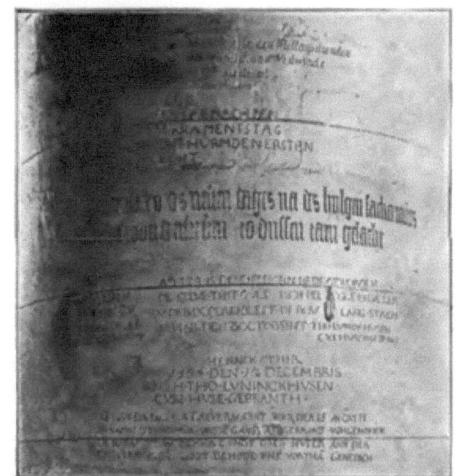

3

Cliché von Dr. E. Albert & Co., München.

Aufnahme von H. Cuberli. 1891.

Kirche:
1. Ostansicht; 2. Innenansicht nach Osten; 3. Säuleninschriften.

Lüdinghausen.

Amthaus:
Wappentafel, Brunnennische und Kamin Detail

Tafel 58.

Lüdinghausen.
Bau- und Kunstdenkmäler von Westfalen.　　　　　　　　Kreis Lüdinghausen

Amthaus.
1. Thür zum Treppenhaus; 2. Thürsturz am Seitenflügel; 3. Thüreinfassung im großen Saal;
4. Kaminfries im großen Saal; 5. Kaminfries in der Wohnung.

Vischering.

Nordansicht

Lichtdruck von Römmler & Jonas, Dresden.

Aufnahme von E. Schröck. 1896

Schloß: Südwestansicht
von Droste.

Vischering.

Bau- u. Kunstdenkmäler von Westfalen.　　　　　　　　　　Kreis Lüdinghausen

Südansicht.

Lichtdruck von Römmler & Jonas, Dresden.　　　　　　Aufnahme von R. Eubell, 1893.

Schloß: Nordwestansicht

Ostansicht

Schloß
von Dreßen.

Westansicht

Vischering.

Cliché von Dr. E. Albert & Co., München.   Aufnahmen von R. Luborff, 1901.

Schloß: Hofeingang und Details.
(von Droste.)

Pifchering

Bau- u. Kunstdenkmäler von Westfalen

Lichtdruck von Römmler & Jonas, Dresden

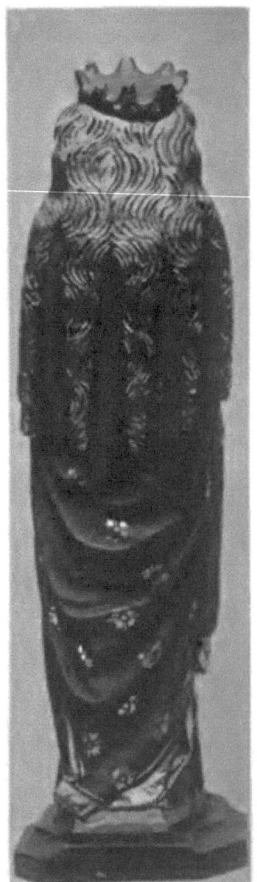

Schloß: Holzfiguren
(von Droste).

Vischering.

Bau- u. Kunstdenkmäler von Westfalen.   Kreis Lüdinghausen.

Innenseite.

Lichtdruck von Römmler & Jonas, Dresden.   Aufnahme von J. Lührss. 1891.

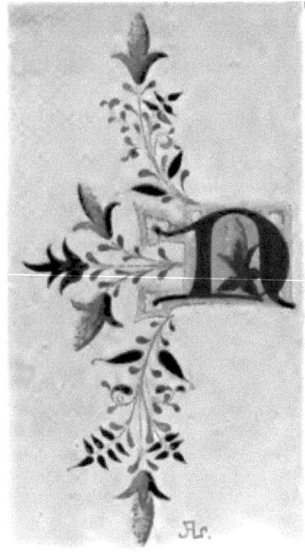

Nordkirchen.

Die Gemeinde Nordkirchen, rund 29 ▢ Kilometer groß, ist umgeben von den Gemeinden Herbern, Ascheberg, Ottmarsbocholt, Lüdinghausen, Selm, Südkirchen und Capelle. Dieselbe enthält außer dem Dorf die Bauerschaften Bergerbauerschaft, Pikenbrok und Aldendorf mit 1320 Katholiken und 4 Protestanten.

Quellen und Litteratur:

Das Pfarr-Archio zu Nordkirchen. — Gräflich Esterhazy'sches Archiv auf Schloß Nordkirchen. — Tibus, Gründungsgeschichte, Seite 414 f. — Schwieters, Geschichtliche Nachrichten über den östlichen Theil des Kreises Lüdinghausen, Seite 79 f. 130 f. 157 f. — Derselbe, Die Bauernhöfe des östlichen Theiles des Kreises Lüdinghausen, Seite 368 f.

Nordkirchen findet sich schon um 1025 als Pfarre urkundlich erwähnt.[1] In der weit ausgedehnten Bauerschaft Ihtari, welche die jetzige Bauerschaft Aldendorf, fast ganz Südkirchen und fast den ganzen Beifang Capelle umfaßte, lagen damals die zwei Kirchen Northkirke und Süthkirke, die augenscheinlich von der Lage zu einander benannt waren. Nordkirchen, Kirche und Pfarrhof, lagen auf der „Kirchgeiß" in der Nähe des jetzigen Schlosses Nordkirchen, in der Richtung auf Südkirchen zu. Die Stelle des Pfarrhofes ist unter dem Namen Wemhöfchen noch jetzt sehr wohl bekannt. Weil hier ein kleines (neues) Dorf sich gebildet hatte, so wurde der weiter abliegende Theil des Nordkirchener Ihtari Aldendorf genannt. Auch die Benennung Berge ist neueren Datums; um 1600 hieß die Bauerschaft noch Weischer, es ist das alte Unediscar der Freckenhorster, das Weydeschara der Werdener Heberolle. Pikenbrok, früher ein kleiner Bezirk um den Hof Pikenbrok herum, wurde im Laufe der Zeit verallgemeinert und auch auf die alten Distrikte Uhlenbrok und Hattoworkinkthorpe, später Hattrup, ausgedehnt.

[1] A aus einem Pergament-Manustript der Schloßbibliothek zu Nordkirchen (siehe unten Seite 22), 15 cm hoch.
[2] Erhard, Cod. diplomat. 103b.

Das Dorf Nordkirchen, in seiner oben angegebenen Lage, war den Herrn von Morrien auf der Burg Nordkirchen unbequem, weil, wie sie angaben, Feinde sich leicht in der steinernen Kirche verschanzen könnten. Deshalb wurde 1526 Gerhard von Morrien bei dem Papste Klemens VII. vorstellig, es möge ihm gestattet werden, jene Kirche abzubrechen, eine andere weiter von der Burg, nach Westen hin, wieder aufzubauen, dort Grundstücke für den Pfarrhof anzuweisen, und den alten Kirchen-, Pfarr- und Dorfgrund an sich zu nehmen. Alles dieses wurde genehmigt, und da auch der damalige Fürstbischof Franz von Waldeck und der Pfarrer zu Nordkirchen, J. G. von Morrien, einverstanden waren, so wurden Kirche und Pfarrhof weggeräumt und an den jetzigen Stellen neu erbaut. Schon 1536 schreibt der Fürstbischof an den Pfarrer zu Nordkirchen:

„Erbare leve Andechtige. Uth forstlicher ovrigheit mogen wy erlyden, dat gy in der kerken, so umbgesath und noch ungewyggel, godsdenst t'doen anfangen, de sakramente einem Jederen Kerspels anverwandten, de des gesinnen, edder de't nodig bedorven, geven und ministreren, ok de doden lvcham te begraven gestaden, darna gy ju richten mogen. Datum Petershagen am Donnersstag na dem Snndage trinitatis anno 1536." [1]

Noch beschwerten sich jetzt die benachbarten Abligen (auf den Häusern Meinhövel, Merfeld, Ichterloh, Dehoff, Brink) bei dem Fürstbischof und darauf bei dem Abt zu Werden als Oberlehns-herrn über das Gut Nordkirchen, und bei dem Kaiser Karl V., daß von Morrien den Begräbniß-platz ihrer Ahnen bei der alten Kirche vergrabe, in Ackerland verwandle, die Leichname der Todten den Thieren vorwerfe, mit der geweihten Kirchhofserde den Acker dünge, Steine und Blei von der alten Kirche zu seinen Festungswerken gebrauche u. s. w.

Schließlich wurde auch diese Angelegenheit in Frieden beigelegt. [2]

Die Kirche, welche G. von Morrien zu jener Zeit erbauen ließ, stand nicht sehr lange; 1715 wurde die jetzige von Graf Ferdinand Ad. von Plettenberg zu Nordkirchen und Gemahlin Bernardine von Westerholt erbaut, deren Wappen sich über der Thurmthüre und an einem Schluß-steine des Gewölbes finden. 1884 wurde die Kirche restaurirt auf Kosten des Herrn zu Nordkirchen, Grafen Esterhazy.

Patron der Kirche ist der heilige Mauritius.

Das Recht, die Pfarre zu besetzen, stand von Alters bei dem Stift Werden, wurde aber 1599 von dem Abt Heinrich Duden den Herrn zu Haus Nordkirchen überlassen, die es noch besitzen. 1484 stiftete Gerhard von Morrien die Vikarie Sti. Stephani zu Nordkirchen.

Die Vikarie Sti. Johannis Evangelistae wurde im Jahre 1699 von Eberika von Budden-berg, Frau von Ascheberg zu Ichterloh, die Vikarie Beatae Mariae Virginis im Jahre 1727 von Ferdinand von Plettenberg fundirt und 1826 diese mit der ersteren vereinigt.

1536 gründete Gerhard von Morrien und Gemahlin Maria von Wendt ein Armenhaus zu Nordkirchen für fünf arme Leute; 1730 wurde von Ferdinand von Plettenberg das Armenhaus neu-gebaut. Jetzt ist durch Stiftung der Gräfin Esterhazy, gebornen Maria von Plettenberg, im Jahre 1853 mit demselben auch ein Krankenhaus, und in neuester Zeit durch die Munifizenz des Grafen Nikolaus Esterhazy eine Kinderverwahranstalt verbunden.

Im Mittelschiff der Kirche befindet sich die Gruft der Familie von Morrien, schon mit der ersten Kirche (1530) angelegt. Die am östlichen Ende des Dorfes befindliche Gruft legte Ferdinand

[1] Akten im Pfarr-Archiv und im Gräflich Esterhazy'schen Schloß-Archiv.
[2] Schloß-Archiv zu Nordkirchen.

von Plettenberg im Anfange des 18. Jahrhunderts an. M. Freiherr von Plettenberg, mit dem der Mannesstamm der Familie erlosch, wurde 1813 hier beigesetzt.[1]

Das Rittergut Nordkirchen. Wir haben den reichen Güterbesitz des Stifts Werden zu Lüdinghausen kennen gelernt; ein ähnliches Besitzthum hatte dieses Stift auch zu Nordkirchen, bestehend aus dem Schulzenhofe Nordkirchen und 33 Unterhöfen.[2] Schon im 13. Jahrhundert waren mit diesen Gütern die Ritter von Lüdinghausen, genannt von Morrien, belehnt. Dieselben führten als Wappen im Schilde einen schwarzen Schrägbalken mit hängenden Zinnen, in der oberen linken Ecke einen roth goldenen Stern und als Helmschmuck zwei Straußfedern mit dem Rumpfe eines Mohren in der Mitte. Die ältesten urkundlich bekannten Glieder des Geschlechts von Morrien waren die Brüder Johann, Bernard, Konrad und Heribrod, die etwa von 1250 bis in das 14. Jahrhundert hinein lebten.[3]

1284 verpfändet Bischof Everhard von Münster dem Johann von Morrien den Hof Selm mit den Unterhöfen für 110 Mark.[4]

Der Sohn Johann erhielt 1347 von dem Abt zu Werden den Hof Nordkirchen für 30 goldene Schilde Zins in Erbpacht.[5]

1350 kauft derselbe von Johann von Rechede das Erbmarschallamt des Stifts Münster. 1375 verpfändet ihm Wilhelm von Maleman den Freistuhl zu Nordkirchen; 1384 kauft er mit fünf Konsorten von diesem die ganze Freigrafschaft Wesenfort. Der Sohn, Johann wiederum, stand 1387 und 1388 in der Fehde der Grafen von der Mark gegen Dortmund auf Seiten dieser Stadt. Er nahm den Diedrich von Dolmestein, Verbündeten des Grafen von der Mark, gefangen, worauf dieser sich mit 5500 Goldgulden auslösen mußte.[6]

1398 tauschte er mit seinem Sohne Gert von dem Abt Bruno zu Werden ein Stück Landes ein, aus den Grundstücken der Westerhove und Kleihove, an die alte Kirche und Wedeme anstoßend, um dort ein festes Schloß zu bauen.

1417 wurde die jährliche Erbpacht auf 25 Goldgulden festgesetzt, wahrscheinlich für Gerhard von Morrien, der 1427 die Margarethe von Borghorst heirathete.

In der Stiftsfehde, 1450 bis 1457, hatte derselbe Lüdinghausen von dem bischöflichen Stuhle in Pfandbesitz, ergriff die Partei des Prätendenten Walram und erhielt in folge dessen Fehdebriefe von einer großen Zahl der Freunde des anderen Prätendenten E. von Hoya. 1454, 18. Juli, fiel das Haupttreffen in dieser Fehde bei Varlar vor, wo die Partei Walrams Sieger blieb und Gerhard von Morrien unmittelbar nach der Schlacht zum Ritter geschlagen wurde.[7] 1466 wurde derselbe wegen des Erbmarschallamts mit den von Eintelo zu Rechede (welche jenes Amt zurückforderten, indem die von Morrien dasselbe nicht rechtlich von den von Rechede erworben hätten) in eine Fehde verwickelt, welche mehr wie zehn Jahre mit großer Erbitterung geführt wurde.[8]

Gerhard von Morrien, der 1530 die Kirche transferirte, hatte 1533 ein Kommando in dem

---

[1] Mittheilungen des Herrn Pfar R Albers und des Herrn Oberrentmeister Filcher zu Nordkirchen.

[2] Wilmans Urkunden-Buch, Nummer 119 Anmerkung.

[3] E. Zander Heyden, Personen-Reg. zu Wilmans Urkunden-Buch. Morrien.

[4] Wilmans Urkunden-Buch, Nummer 1295.

[5] Gräflich Esterhazy'sches Archiv zu Nordkirchen, auch für alles Folgende, wenn keine andere Quelle angegeben ist.

[6] J. Fahne, Die Dortmunder Chronik, Seite 88.

[7] In H. A. Erhard, Geschichte Münsters, Seite 244.

[8] Schwieters, Geschichtliche Nachrichten über den östlichen Theil des Kreises Lüdinghausen, Seite 106 f.; derselbe, Geschichtliche Nachrichten über den westlichen Theil des Kreises Lüdinghausen, Seite 336 f.

Belagerungsheere vor Münster. Dessen Enkel, wiederum Gerhard, wurde im Juli 1607 in einem Streit von Diedrich von Galen Visping auf dem Domplatz zu Münster wegen Jagdstreitigkeiten mit dem Degen erstochen.[1]

Der Sohn Johann knüpfte 1625 im dreißigjährigen Kriege mit dem Könige Christian von Dänemark Verbindungen an und erhielt von demselben 1627 ein Obristenpatent mit dem Auftrage, ein Regiment zu Pferde und ein Regiment zu Fuß zu werben. Ueber diese Werbungen starb er im folgenden Jahre 1628 durch einen Sturz vom Pferde und hinterließ seiner Wittwe (mit vier unmündigen Kindern) viel Sorge und Kummer, da sie nur mit Mühe der Konfiskation der Güter durch den Landesherrn wegen der Untreue des Mannes entging.

Nach dem Tode zweier Brüder wurde Juliane, Freifrau von Weichs, Erbin aller Güter und hinterließ dieselben ihrer Tochter Maria Sophia, Gemahlin des Grafen Jakob von Hamilton.

Christian Friedrich von Plettenberg, 1688—1706 Fürstbischof von Münster, erwarb 1694 von dem Grafen von Hamilton die Güter Nordkirchen, Burfort, die Hälfte von Davensberg, Haselburg und Altrodt für 250 000 Thaler, ferner in demselben Jahre von dem Herrn von Wolf Füchteln die andere Hälfte von Davensberg für 27 636 Thaler, Meinhövel von B. von Diepenbrock Empel für 125 000 Thaler, die früher anderweitig veräußerten Theile von dem Gute Altrodt für 21 500 Thaler, und endlich im Jahre 1698 das Gut Grotenhues von dem Herrn von Beverförde Werries. Mit diesen ausgedehnten Gütern war das Gogericht in dem halben Amte Werne, die Gerichtsbeisänge Kapelle und Meinhövel, und die Herrlichkeit über Nordkirchen und die Bauerschaft Berge verbunden; es gehörten dazu über 250 leibeigene Bauerhöfe und Kotten in 21 verschiedenen Kirchspielen.

Der Fürstbischof ließ im Jahre 1703 die alte Burg, die mit Thürmen, Erkern, Giebeln, Wällen und Kondeils versehen war und eine Kapelle hatte[2], abbrechen, und erbaute westlich von der Stelle, unmittelbar daran ein neues Schloß, welches, was Größe, baulichen Schmuck, planmäßige Anlage des Hauptgebäudes und der vielen Nebengebäude, der Umfassungsmauern, Teiche, Brücken, Gärten und Parkanlagen angeht, im Münsterlande nicht seinesgleichen findet.

1702 wurde der Grundstein zu dem Schlosse gelegt, 1710—1712 der Bau von dem Neffen des Fürstbischofs vollendet, der auch die sogenannte Oranienburg, ein etwas abgelegenes, kleineres, schloßartiges Gebäude in den Anlagen aufführen ließ.

Christian Friedrich schenkte 1695 das Gut Nordkirchen seinem Bruder Johann Adolf, nach dessen Tode dasselbe 1698 auf den Sohn Ferdinand Adolf überging. Dieser wurde 1724 in den Reichsgrafenstand erhoben. Bei dem Fürstbischof Clemens August stand er anfangs in hoher Gunst, fiel aber später so sehr in Ungnade, daß der Fürst 1734 das Haus Nordkirchen durch Militärgewalt einnehmen und besetzen ließ.[3] Der letzte im Mannesstamm war Max Friedrich von Plettenberg, der durch sein ungebundenes, luxuriöses Leben die Güter und Finanzen in zeitweiligen großen Verfall brachte; er starb 1813. Das damals vierjährige einzige Töchterchen Maria wurde Erbin. Dieselbe brachte 1823 durch ihre Heirath mit Nikolaus Franz Graf Esterhazy Galantha Nordkirchen an diese Familie, deren Wappen in blauem Schilde einen Greif, auf einer Grafenkrone stehend, zeigt, in der

---

[1] w. J. Janssen, Die Geschichts-Quellen des Bisthums Münster, III. Seite 336.

[2] Ueber die Abwickung der alten Burg u. s. w. vergleiche Schwieters, Geschichtliche Nachrichten über den östlichen Theil des Kreises Lüdinghausen, Seite 115 und 129.

[3] Ueber diese Angelegenheit vergleiche Schwieters, Geschichtliche Nachrichten über den östlichen Theil des Kreises Lüdinghausen, Seite 120 f.

rechten Kralle einen Krummfäbel, in der linken drei aufblühende Rosen. Der zweite Sohn des Genannten, Graf Niklas Esterhazy, ist der jetzige Inhaber des Gutes.

Das Rittergut Meinhövel, in der Bauerschaft Pikenbrok, an dem Teufelsbach, nahe der Lüdinghauser Grenze gelegen, ist längst verschwunden, nur die Meinhöveler Mühle zeigt noch die alte Stelle. Hier saß ursprünglich das Geschlecht der von Meinhövel, die auch in Wolbeck eine feste Burg hatten und von jeher durch ihre Fehde- und Beutelust den Münsterischen Bischöfen viel zu schaffen machten. Sie führten dasselbe Wappen mit den von Davensberg: den Schild quer getheilt, oben drei Brakteaten. Ueber die Fehde derselben mit dem Bischof Ludolf von Münster im Jahre 1242 vergleiche die Geschichts-Quellen des Bisthums Münster.[1]

Godfried von Meinhövels einzige Tochter Margarethe wurde um 1300 mit Hermann von Münster Brokhoff verheirathet und so kam Meinhövel in den Besitz der Familie von Münster.[2] (Schild quer getheilt, oben roth, unten gold.) Andere Linien dieses Geschlechts saßen zu Dale, Kirchspiel Bork, Boklar, Kirchspiel Selm, Emdhövel, Kirchspiel Ottmarsbocholt und Surenburg, Kirchspiel Riesenbeck. Franzeline von Meinhövel, einzige Tochter des Wilhelm Gisbert, Erbin zu Meinhövel, war mit Bertram von Dierenbrok Empel vermählt. Dieser verkaufte 1694 Meinhövel an den Fürstbischof Christian Friedrich, der dasselbe mit der Herrschaft Nordkirchen vereinigte.[3]

Das Rittergut Ichterloh, in der Bauerschaft Aldendorf, nahe der Ascheberger und Capeller Grenze. Ichterloh ist ein Theil des oben erwähnten Gebietes Ihtari. Ichterloh ist das Co, der Wald zu Ihtari, Ichtern. Inmitten dieses Waldes, der noch jetzt vorhanden ist, lag die Burg Ichterloh. Schon um 1370 war das Geschlecht von Ascheberg (Heinrich von Ascheberg) von dem Bischofe zu Münster mit Ichterloh belehnt.[4] Dasselbe dürfte von seinem Stammsitz im Dorf Ascheberg zunächst hierhin übergesiedelt sein.

1637 wurde Johann von Ascheberg belehnt. Derselbe hatte nur eine Tochter Elisabeth Margarethe, die sich um 1680 mit Robert von Romberg verheirathete. Der Sohn aus dieser Ehe verkaufte im Jahre 1702 Ichterloh mit den Nebengütern an die Abtissin von Heerse, Katharina von Winkelhausen, welche dann dieselben Güter im Jahre 1718 dem Grafen von Fürstenberg Herdringen für 10000 Thaler wiederum überließ.[5]

Das Rittergut Grothus oder Grotenhus liegt in der Bauerschaft Aldendorf, unfern der Südkirchener Grenze und ist jetzt ein Pachtgut. Es war Stammsitz des Geschlechts von Grothulen, welches mit den von Morrien dasselbe Wappen führte, einen unten gezinnten Schrägbalken. Schon im 15. Jahrhundert findet sich dieses Geschlecht in bischöflichen Urkunden. Um 1370 war Stephan von Grothus mit Grothus von dem Bischofe belehnt als Burgmann zu Boklar. Um 1400 folgte zu Grothus die Familie von Pikenbrok. (Schild quer getheilt, unten silber, oben roth mit drei goldenen Sternen.) Heinrich von Pikenbrok, 1492 belehnt, verheirathet mit N. von Hamern, hatte nur eine Tochter Mika, die mit Heinrich von Ascheberg Byink verheirathet war und diesem das Gut in die Ehe brachte. 1694 kam dasselbe durch Kauf an Nordkirchen.[6]

_____

[1] I Seite 116.
[2] Trog. Westphalia 1823, 3. Quartal. Seite 85.
[3] Archiv auf Schloß Nordkirchen.
[4] Lehnsbuch des B. Florenz von Münster.
[5] Fahne, Westfälische Geschlechter: von Ascheberg. — Kaman, Die vornehmsten adligen Güter im Amte Werne Archiv des Hauses Ichterloh, jetzt auf Schloß Herdringen.
[6] G. E. A. Heyden, Regesten zu Wilmans Urkunden-Buch: Grothus, Pikenbrok. — Lehnsbuch des Bischof Florenz. — Archiv zu Schloß Nordkirchen. — J. Schwieters, Bauerhöfe, Seite 393 und 404.

Denkmäler-Verzeichniß der Gemeinde Nordkirchen.

1. Dorf,

4 Kilometer südöstlich von Lüdinghausen.

Kirche[1], katholisch, Renaissance, Anfang des 18. Jahrhunderts.

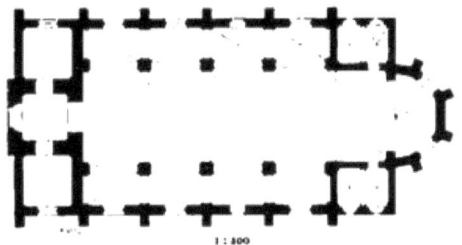

1 : 200

Dreischiffige, vierjochige Hallenkirche mit einjochigem, durch drei ganze und zwei halbe Seiten des Zehnecks geschlossenem Chor, zwei zweijochigen Sakristeien zu beiden Seiten des Chors.

Thurm durch Verlängerung der Seitenschiffswände von Seitenhallen umgeben.

Kreuzgewölbe mit Rippen und Schlußsteinen auf Kreuz- und Wandpfeilern zwischen Längs- und Quergurten.

Fenster flachbogig ohne Maßwerk.

Taufstein, romanisch, mit oberem und unterem Blattfries, 0,96 m hoch, 0,70 m Durchmesser. (Abbildung Tafel 66.)

Monstranz, Renaissance, mit Kristallen, 66 cm hoch. (Abbildung Tafel 67.)

3 Glocken mit Inschriften:

1. von Petit und Edelbrock, 1857.

2. Johann Schweys me fecit monasterii. Soli deo gloria. A° 1731.

   Mauritius bin ick geheiten

   Norkerken hebben my luten geiten.   0,91 m Durchmesser.

3. Inschrift, 2 cm hoch (Abbildung Tafel 66), 1,0 m Durchmesser.

[1] Schwieters, östlicher Theil des Kreises Lüdinghausen, Seite 79 f.

2. Rittergut Nordkirchen¹ (Besitzer: von Esterhazy),

7 Kilometer südlich von Lüdinghausen.

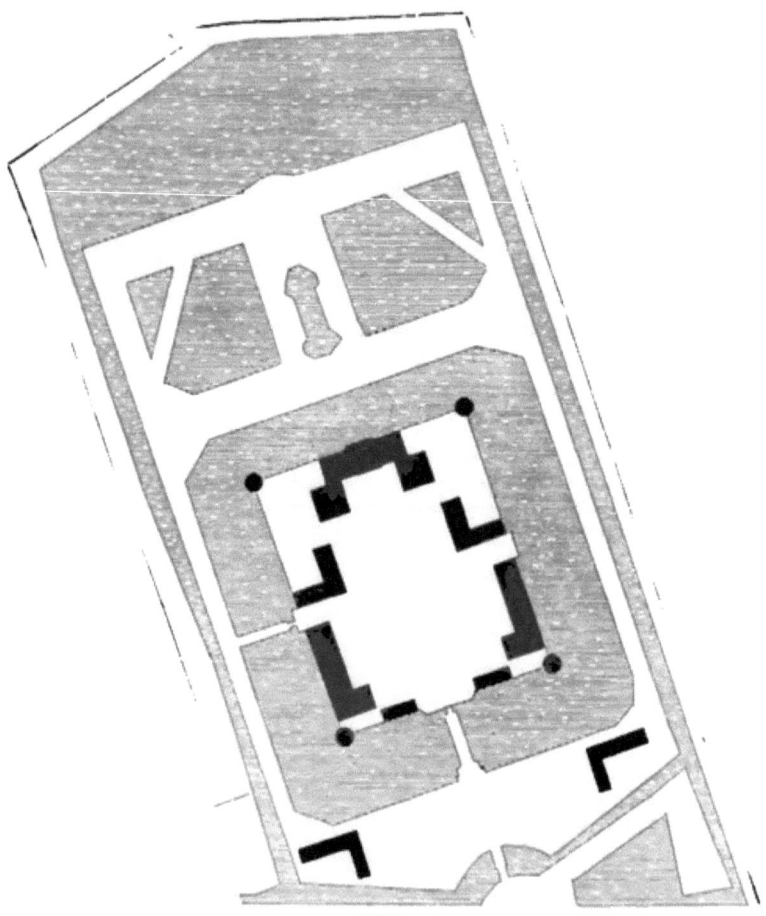

1 : 2500

Renaiffance, Anfang des 18. Jahrhunderts, reiche Anlagen mit Nebengebäuden, Eckthürmen und Einfahrtsthoren.

Hauptgebäude, mit reich ausgestatteten Räumen, werthvollen Kunstgegenständen[3], Möbeln, Gobelins[2] und Waffen[3], umfangreicher Gemälde-Gallerie[4] und Bibliothek.

Pruntifch, Spätrenaiffance, geschnitzt, 1,45 m lang, 0,63 m breit, 0,94 m hoch, mit reichem figuren-schmuck. (Abbildung Tafel 72.)

2 Kandelabertischchen, desgl., 1,09 m hoch. (Abbildung Tafel 72.)

Mörser, Renaiffance, Bronce, 33 cm hoch, 26 cm Durchmesser mit Inschrift: Soli deo gloria. Hindrich smidtjohann anno 1614.

Pokal, Renaiffance, Silber mit münsterischen Friedensthalern, Seidelform, 21,5 cm hoch. (Abbild. Taf. 67.)

Pokal, Renaiffance, Kelchform, 51 cm hoch. (Abbildung Tafel 67.)

Pokal, desgl. von Kryftall, Fuß mit Edelfteinen besetzt, 33 cm hoch. (Abbildung Tafel 72.)

Tafelgemälde, gothifch, Jefus im Tempel, 38/26 cm groß. (Abbildung Tafel 73.)

2 Tafelgemälde, Renaiffance, die Evangeliften Lukas und Johannes darftellend, früher Klappen des Altars der Kirche zu Davensberg, je 90/70 cm groß. (Abbildung Tafel 74.)

Pergament-Manuskripte[5] der Bibliothek, romanifch, gothifch und Renaiffance, Pfalterien, Breviere, Bibeln, Gebetbücher, mit Initialen, Miniaturen und Randverzierungen reich ausgeftattet (Abbildungen Tafel 75 und 76), insbefondere:

Brevier, mit vorgehefteten Kalender, letzterer mit den Darftellungen der Monate und den Zeichen des Thierkreifes. (Abbildung Tafel 77.)

Die Initialen des erfteren mit figürlichen Darftellungen: Franziskus von Affifi, heilige Familie, Chrifti Verfuchung, Dreifaltigkeit, Benediktus (?) und Franz von Affifi, Chriftus in der Vorhölle, Tod und Krönung Mariä, und viele andere. (Abbildung Tafel 78 und 79.)

Bibel, Pergament-Codex, 13. Jahrhundert, mit außerordentlich reichem Schmuck, 144 größeren Initialen mit Stäben und Randverzierungen, 45 Miniaturbildern in den Initialen, z. B. P mit Miniatur 26 cm hoch (Abbildung Tafel 69), J 15 cm hoch, T 14 cm hoch (Abbildungen Tafel 70).

Pergament-Codex — Fragment — 12. Jahrhundert, mit Lebensbeschreibungen von 17 Heiligen und Initialen, z. B.: J 8 cm, Q 8,5 cm, C 5,4 cm, P 13,5 cm, B 10 cm, J 8,5 cm und 7,6 cm, T 8 cm hoch (Abbildung Tafel 80).

---

[1] Katalog der Ausftellung des Alterthumsvereins 1879 Nr. 537, 833, 1391, 1397 und 1401.
[2] Desgl. Nr. 1751 und 1752.
[3] Desgl. Nr. 129—132, 198, 210, 233, 235, 240, 252 und 253.
[4] Desgl. Nr. 1363.
[5] Desgl. Nr. 1762—1563 und 1601.

Nordkirchen.

1

2

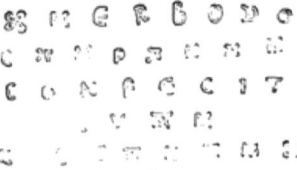

3

Lichtdruck von Dr. E. Albert & Co., München.   Aufnahme von H. Ludorff, 1891.

Kirche:

1. Innenansicht; 2. Taufstein; 3. Glockeninschrift.

Nordkirchen.

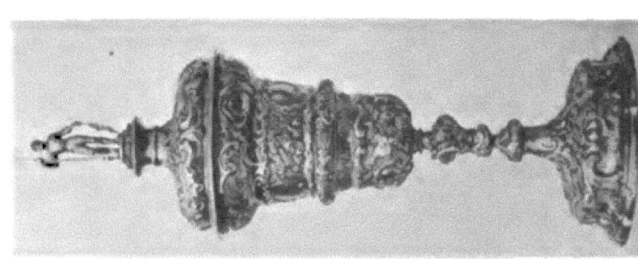

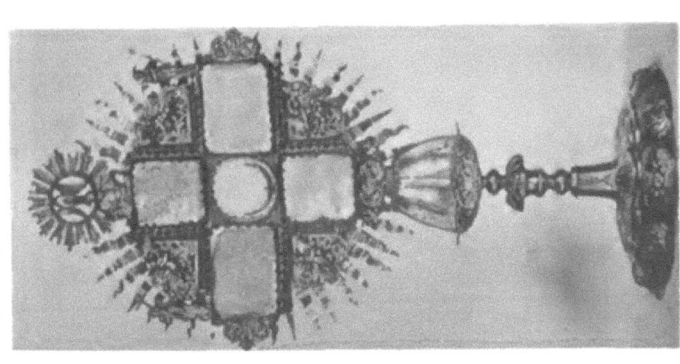

Schloß: Pokale
von Eberhagyt.

Kirche: Monstranz

Lichtdruck von Römmler & Jonas, Dresden.

Aufnahme von B. Laporte, 1911.

Schloß: Südansicht und Einfahrts-Thor
von Esterhazy).

Nordkirchen.

Kreis Lüdinghausen.

Kath. u. Kirchhofkirche von Westkirchen.

Aufnahme von H. Schultz, 1891.

Schloß.

Lichtdruck von Römmler & Jonas, Dresden.

Nordkirchen.

Aus d. Naturdenkmäler von Westfalen.

Verlag f. Photographie.

Nordkirchen.

Lichtdr. von Dr. E. Albert & Co. München.

Aufnahme von J. Lubosch 1911.

Schloß.
1. Kaisersaal, 2. Vestibül, 3. Speisesaal.

Nordkirchen.

1

II

3

Cliché von Dr. C. Albert & Co., München   Aufnahme von H. Ebert, 1891.

Schloß.

1. Kandelabertisch; 2. Tisch; 3. Krystall-Pokal.

Nordkirchen.

Lichtdruck von Römmler & Jonas, Dresden   Aufnahme von H. Luborff, 1911

Schloß: Tafelgemälde
(von Eperhazy).

Nordfirchen.

Schloß: Deckengemälde
(von Eberhard).

Nordkirchen.

Kreis Lüdinghausen

Neu- u. Nachdemnfeier von Weihen.

Schloß-Bibliothek von Esterhazy.

Lichtdruck von Römmler & Jonas, Dresden.

Aufnahme vom Merkbestimme 1875.

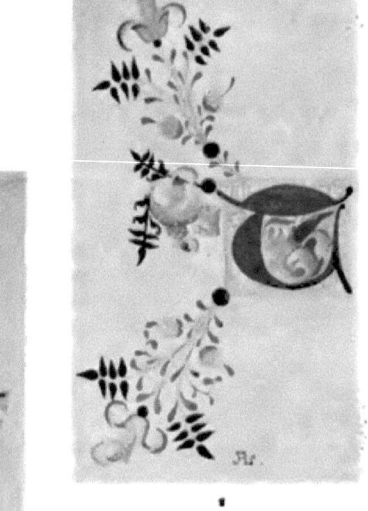

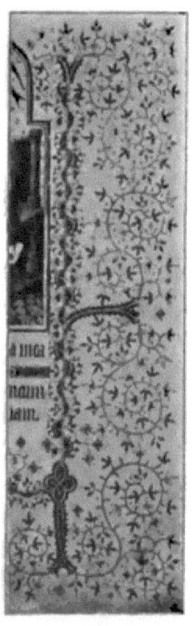

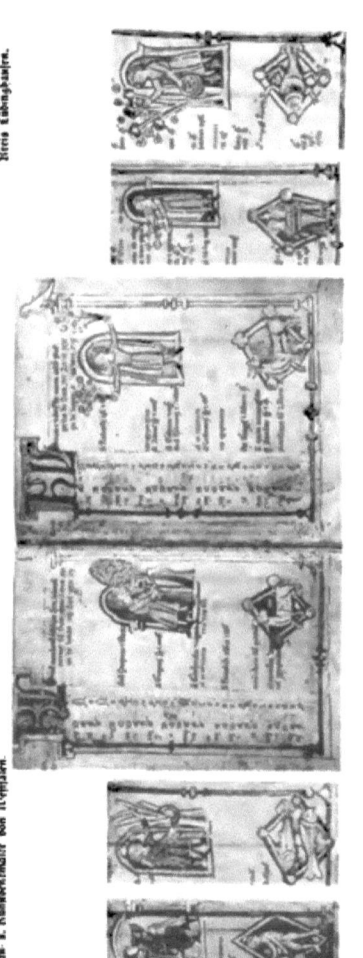

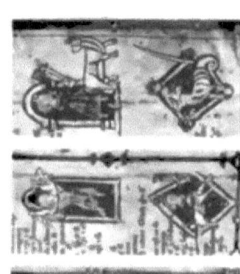

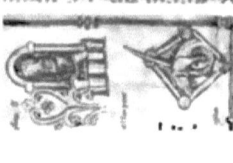

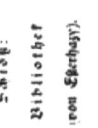

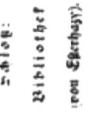

Lichtdruck von Römmler & Jonas, Dresden.

Aufnahme von B. Cohen, 1891.

Nordkirchen.

Schloß Bibliothek.
Initialen E, M, D und A aus einem Brevier

Nordkirchen.

Clichés von Dr. C. Albert & Co., München.   Aufnahme von H. Lobert, 1907.

Schloß-Bibliothek.
Initialen[1] A, M, C, P, B, I, T und I aus einem Pergament-Manuskript.

[1] Nach farbigen Copien des † Kaplans Dr. Spaldmann-Nordkirchen.

Olfen.

ie Gemeinde Olfen grenzt im Süden an die Lippe, im Osten an Bork und Selm, im Norden an Lüdinghausen und Seppenrade, im Westen an Haltern. Dieselbe enthält außer dem Wigboldbezirk die Bauerschaften Rechede, Hökelsum, Sülsen und Vinnum. Sie hat eine Größe von 60 ☐ Kilometer und eine Bevölkerung von 3055 Katholiken, 38 Protestanten und 30 Juden.

Quellen und Litteratur:

Gräflich von Wedel'sches Archiv zu Sandfort, geordnet und mit Repertorium versehen. — Pfarr-Archiv, nicht geordnet. — A. Tibus, Gründungs-Geschichte, Seite 789 f. — J. Schwieters, Geschichtliche Nachrichten über den westlichen Theil des Kreises Lüdinghausen, Seite 321—407.

Der Wigboldbezirk Olfen ist identisch mit der alten Bauerschaft Ulfloa, Olfton, Olfen. Ulfloa ist zusammengesetzt aus Ulf- Wulf und Lo, also gleichbedeutend mit Wolfsloh, Wolfswald. In der Bauerschaft Olfen bestand schon früh eine Kirche. Wie erfahren darüber Näheres aus einer sehr interessanten Urkunde des Bischofs Wulfhelm aus dem Jahre 889.[1] Der Bischof bekundet in derselben, daß er die Kirche in Ulfloa und den Hof daselbst, sein väterliches Erbtheil, nebst Gebäuden und Grundstücken und 30 Leibeigenen mit ihren Höfen dem heiligen Paulus zu Mimigernesford geschenkt, sich aber die Freiheit vorbehalten habe, später anders zu verfügen.

Der Akt sei aufgenommen in der Kirche des heiligen Vitus (also zu Olfen, wo der heilige Vitus noch Patron ist) vor dem versammelten Volke und in Gegenwart der vier Gaugrafen Robbo, Thiadink, Hrodwert und Warin, am Feste der heiligen Fabian und Sebastian.

Aus dieser Urkunde folgt, daß zu Olfen schon vor dem Jahre 889 eine Kirche mit dem heiligen Vitus als Patron der Pfarre bestand, und daß einer der Vorfahren des Bischofs Wulfhelm dieselbe auf seinem Hofesgrunde erbaut hatte. Wahrscheinlich ist die Pfarre aber nicht vor dem Jahre 836 gegründet, wo erst die Reliquien des heiligen Vitus von Frankreich nach dem Kloster Corvey an der Weser übertragen wurden, indem vor dieser Uebertragung an die Wahl des heiligen Vitus zum Patron nicht zu denken ist.[3]

[1] D mit der Darstellung Christi am Oelberge. Aus einem Brevier (Pergament-Manuskript) der Schloß-Bibliothek zu Nordkirchen (siehe oben Seite 72).

[2] Erhard, Codex diplomat., Nummer 40.

[3] A. Tibus, am angeführten Orte, Seite 789.

Wir finden im Jahre 1205 die genannten Güter in dem Besitz des münsterischen Domkapitels[1] und somit ist auch die Besetzung der Pfarrstelle seit erdenklicher Zeit ein Vorrecht des Dompropstes gewesen. Da der Pastor jährlich 5 Mark und über 50 Hausstätten im Wigbold Wortgelder, Hühner und Eier an das Domkapitel zu prästiren hatten, so ist evident, daß sowohl der Pfarrhof ein Pertinenz des Hofes Olfen ist, als auch das Wigbold auf dem Grunde desselben Hofes erbaut ist.

In der Bauerschaft Sulsen zu „Lehmbegge" war früher eine Kapelle, die um 1820 abgebrochen wurde; die Vikarie zum Lehmbegge stand im Patronat der Herrn zu Rauschenberg, sie ist jetzt an die Pfarrkirche verlegt. Auch bei der Burg Rechede, „auf'm Benthofe", bestand ehemals eine Kapelle. 1208 und 1271 findet sich Bernardus capellanus in Regethe; die Vikarie wurde aber schon von Bischof Florenz (1364 bis 1379) der Pastoral überwiesen.[2] Eine dritte Kapelle lag in der Bauerschaft Vinnum, im sogenannten Dorfe Vinnum; auch diese ist verschwunden.

Olfen soll im Jahre 1589 von dem fürstbischof Ernst von Baiern Wigboldsrechte erlangt haben zum Lohn dafür, daß die Bürger einen Angriff von Seiten der Spanier auf den Ort tapfer zurückgewiesen hätten.[3]

Röchel berichtet in seiner Chronik von einem Angriffe der Spanier auf Olfen nichts, erzählt aber von den Holländern, daß sie im November 1589 und im September 1590 Olfen heimgesucht und gebrandschatzt hätten.[4]

Eine Befestigung des Wigbolds wurde 1592 geplant und begonnen zum Schutze gegen die Einfälle der Spanier und Holländer. Aus den gepflogenen Korrespondenzen[5] ist zu ersehen, daß der Ort früher schon im weiteren Umkreise mit Gräben umzogen war, und damals der Oberstlieutenant Jobst von Fürstenberg Senden den Rath ertheilt hatte, die festungsgräben enger einzuziehen. Nach langen Unterhandlungen wurde endlich von der fürstbischöflichen Regierung die Erlaubniß ertheilt, und 1601 (3. März) stellen C. Bilholt, Bürgermeister, H. Nordemann, Rathsverwandter, J. Pennekamp, Rentmeister, einen Revers aus, daß, nachdem die fürstlichen Räthe zu Münster zugelassen, „gemeld Dorf Olfen mit Aufgrabung und Beschanzung auf 10 Jahre a dato angerechnet zu befestigen", sie in der Oeffnung und Schließung der Pforten und Bommeien sowie Zustellung der Schlüssel der Obrigkeit gehorchen wollen. Das Siegel an der Urkunde hat im Schilde einen Balken, darunter W. O. über dem Schilde St. Vitus, die Umschrift: Sig. Wiebold Olfen.

Olfen gehören folgende Männer der Wissenschaft an: Heinrich Druchter, Schüler von Hamner und Murmellius; Schulrektor zu Osnabrück, dann zu Münster; schrieb verschiedene gelehrte Werke. Heinrich Sibe, großer Grammatiker und Dichter; Rektor auf dem Münsterischen Gymnasium unter Hamner; gab viele lateinische Gedichte heraus; starb 1566 zu Lemgo an der Pest, nachdem er über 50 Jahre Schulrektor gewesen.[6] Bernhard Heinrich Reinhold, 1677 zu Olfen geboren, Professor jur. zu Duisburg, hinterließ viele gedruckte Werke.

Die Landesburg Rechede[7], in der Bauerschaft Rechede, am Steverflusse, bischöfliches Besitzthum, bestand schon im 12. Jahrhundert. Diese Landesburgen, zu denen auch Boxlar im Kirch-

---

[1] Wilmans, Urkunden-Buch, Nummer 244. — Dr. H. Darpe, Codex Traditionum Westphalicarum II. Seite 236.

[2] Pfarr-Archiv. Wilmans Urkunden-Buch, Nummer 823, 902.

[3] Numann, Manuskripte.

[4] Dr. Janssen, Geschichts-Quellen des Bisthums Münster III. Seite 110, 114.

[5] Staatsarchiv zu Münster.

[6] Numann, Manuskripte: Nachrichten über die münsterischen Städte Werne u. s. w.

[7] Nordhoff, Holz- und Steinbau Westfalens, Seite 244 f., Tafel V, 1.

spiel Selm. und Duplar[1] im Kirchspiel Ludinghausen gehörten, sollten zur Sicherheit des Landes, zum Schutz gegen äußere Feinde dienen. Sie waren mit einer Anzahl Burgmänner (castellani) besetzt, die für ihren Dienst eine Wohnstätte, Burgmannsitz (mansio) auf der Burg und zum Unterhalt ein Burgleben (feodum castrense) oder eine Rente erhielten. Der Burggraf hatte die Aufsicht über die Burg und die Burgmänner. Das Kollegium der Burgmänner führte ein eigenes Siegel, wie wir das aus einer Urkunde des B. Krampe, Kastellan zu Rechede, vom Jahre 1280 sehen.[2] Mit dem Haupttheile der Burg und deren Zubehör an Grund und Boden war die Familie von Rechede belehnt, die von diesem ihrem Stammsitz in der Bauerschaft Rechede ihren Namen hatte. Sie führte mit den von Merveldt und von Dülmen dasselbe Wappen, einen goldgegitterten blauen Schild.

1389 bezeugt Lubbert von Rechede, daß Haus und Burg Rechede von dem Bischof Heinrich seiner Obhut übergeben sei. Er übernimmt die Burg mit Wächtern und Pförtnern zu unterhalten und hat dafür Mühle, Fischerei und Äcker zu seiner Nutznießung. Die Burg soll dem Bischofe stets ein offenes Haus sein.[3]

1425 verkauft Lubbert vor dem Frygreven von Wesenfort, Heinrich von Neuhaus, das Haus Rechede mit allem Zubehör an Hermann von Lintloe.[4]

Die Familie von Lintloe führte als Wappen zwei schwarze Querbalken in Silber, auf dem oberen drei rechts laufende Vögel. Auf Hermann folgte um 1462 Adam von Lintloe, der, wie schon bei Nordkirchen erwähnt wurde, 1460—1478 in erbitterter Fehde mit G. von Morrien lebte. Wegen des faustrechtlichen Vorgehens und vieler Brandstiftungen und Räubereien in dieser Fehde wurde Adam 1467 in der Kirche zu Olfen öffentlich exkommunizirt; der Bruder Dirik, der ebenfalls an der Fehde theilnahm, wurde 1476 am Freistuhl zu Nordkirchen wegen derselben Vergehen von dem Freigrafen Johann Selter verfehmt. Die große Pergamenturkunde trägt acht Siegel und ist von 16 freien Bauern, Fryscheppen, unterzeichnet.[5]

Mit Wilhelm von Lintloe starb 1541 der Stamm zu Rechede aus. Das Gut kam jetzt an den Vetter Wilhelms, Wennemar von Heiden, dessen Wittwe dasselbe um 1555 an Jobst von Mecheln Sandfort verkaufte. Seitdem ist die Burg verschwunden und die Grundstücke sind mit den Sandforter Besitzungen vereinigt.[6]

Das Rittergut Senden lag unweit der Burg Rechede. Hier saß ein Geschlecht von Senden, welches zwei silberne Querbalken in roth als Wappen führte. Engelbert von Senden verkaufte 1468 das Haus Senden an Lubbert von Morrien[7]. Da dieser keinen Sohn hatte, so fiel um 1488 Senden an einen Sohn seiner Tochter Fya, nämlich an Lubbert von der Reck, und diesem folgte der Sohn Diedrich.

In Ermangelung von Söhnen erbte der Schwiegersohn Friedrich von Tülen das Haus Senden; dieser verkaufte 1557 dasselbe an C. von Fürstenberg, der ebenfalls eine Tochter Diedrichs zur Frau hatte, für 15000 Goldgulden.[8]

---

[1] Nordhoff, Holz- und Steinbau Westfalens, Seite 233 und 245 f.
[2] Wilmans, Urkunden-Buch, Nummer 1124.
[3] Niesert, Beiträge zu einem Münsterischen Urkunden-Buch, 4. Band, 2. Abtheilung, Seite 224
[4] Gräflich von Wedel'sches Archiv Sandfort.
[5] Archiv Nordkirchen.
[6] Archiv Sandfort.
[7] Gräflich Droste'sches Archiv Darfeld.
[8] Archiv Darfeld.

Der Sohn und Nachfolger Jobst von Fürstenberg nahm als Oberstlieutenant Theil an einem Kriege gegen die Türken, starb aber auf der Rückkehr zu Wien im Jahre 1596, ohne Kinder zu hinterlassen. Das Haus Senden kam jetzt für große Forderungen durch gerichtliche Immission an Sandfort. Seitdem ist die Burg verschwunden.[1]

Das Rittergut Sandfort. Dasselbe liegt in der Bauerschaft Vinnum, an der Landstraße Olfen—Selm. Schon um 1300 war hier das Geschlecht von Mecheln seßhaft, welches in der Bauerschaft Mecheln, Meiklen, Kirchspiel Uhlen, seinen Stammsitz hatte, und drei Rüden in rothem Felde als Wappen führte. Der letzte seines Stammes war Jost von Mecheln; dieser starb um 1550 und hinterließ drei Töchter: Jofte, Nefe, Stephane. Die erste erbte mit ihrem Gemahl Franz von Bodelschwing Sandfort. Da diese aber kinderlos waren, so vermachte die Wittwe Jofte 1599 das Gut einem Sohne der Schwester Nefe, dem Joachim von Frydag Löringhoff. Dessen Sohn Berthold begründete die Linie von Frydag (drei silberne Ringe in blauem Felde) Sandfort, die im Jahre 1717 mit Joachim Hermann ausstarb.

Die Wittwe Joſua von der Reck vermählte sich wiederum mit Gisbert von Bodelschwing (in gold ein rother Querbalken, darüber eine viereckige Spange), dessen Nachkommen etwa 150 Jahre zu Sandfort blühten. Adolf von Bodelschwing erbaute mit Gemahlin Louise von Plettenberg 1837 zu Lüdinghausen die evangelische Kirche und schenkte dieselbe der dortigen evangelischen Gemeinde.

Die Tochter Louise wurde Erbin der elterlichen Güter. Durch ihre Vermählung kamen dieselben an den jetzigen Besitzer, Grafen von Wedel.[2]

Das Rittergut Füchteln, in der Bauerschaft Kökelsum, links an der Stever gelegen. Füchteln kam 1362 durch Kauf an Heinrich von Wulf, von Wulfsberg zu Lüdinghausen. Bernard von Wulf schrieb um 1500 eine Familienchronik, wovon eine Abschrift sich im Lüdinghauser Stadtarchiv findet. Unter Wilhelm Otto von Wulf gingen 1761 die Güter schuldenhalber in Diskussion.

Füchteln kam 1824 käuflich an Freiherrn von Bodelschwing-Sandfort, der dasselbe 1839 an Graf Schmising überließ. Haus und Hof ist verschwunden.[3]

Das Rittergut Konhagen, in der Bauerschaft Kökelsum, 1 Kilometer von Füchteln entfernt. Im 13. Jahrhundert gehörte das Gut der Familie von der Leythe zu Romberg, Kirchspiel Ascheberg. Jaspara von der Leythe brachte 1506 dasselbe ihrem Gemahl Johann von Schenking in die Ehe, dessen Tochter es wiederum an Heinrich von Lebudur brachte. An diese Familie schlossen sich successive folgende Besitzer: von Holdinghausen, von Wolf-Füchteln, von Blumrother, von Bodelschwing-Sandfort, und seit 1839 Graf Schmising, der das Gut zugleich mit Füchteln käuflich erwarb, auch dieser Hof ist mit den Gebäuden vollständig verschwunden.[4]

Das Rittergut Rauschenburg in Sülsen, hart an der Lippe, dort wo die Landstraße Olfen-Datteln dieselbe überschreitet. Die Burg ist auch auf diesem Gute längst nicht mehr vorhanden.

Um 1400 finden wir das aus dem Vest stammende Geschlecht von Oer zu Rauschenburg; 1405 machen Heinrich von Oer und Sohn Bernard Rauschenburg dem Bischof von Münster zu einem Offenhause.[5]

---

[1] Fahne, Geschichte der Herrn von Hövel: Fürstenberg. — Archiv Sandfort.

[2] Archiv Sandfort; vergleiche Schwieters, Geschichtliche Nachrichten über den westlichen Theil des Kreises Lüdinghausen, Seite 265 f.

[3] Kumann, Manuskripte; Archiv Sandfort.

[4] Lehnsakten des Stifts Münster; Kumann, Manuskripte.

[5] Fahne, Geschichte der Herren von Hövel: von Oer.

Um 1470 ist Johann von Hake-Wulfsberg Besitzer der Rauschenburg, die von ihm auf den Sohn Cubbert überging.

Cubberts Sohn Johann fand 1550 ein tragisches Ende, indem er von seiner eigenen Frau, Margarethe von Morrien vergiftet wurde.[1]

Die zwei Töchter Johanns, Margareth und Ursel erbten die Burg zu gleichen Theilen; Margarethe wurde mit Johann von Ascheberg-Brink verlobt, der aber erst nach manchen Abenteuern und Schwierigkeiten in den ruhigen Besitz der Burg gelangte.[2]

Die Linie von Ascheberg zu Rauschenburg starb um 1650 mit Heinrich von Ascheberg aus. Rauschenburg kam jetzt an Stephan von Neuhoff, den Ehemann der Adolfa von Ascheberg, Schwester Heinrichs.

Um 1770 kamen die Güter unter Johann Friedrich von Neuhoff in Diskussion, und Rauschenburg ging durch Kauf an den Freiherrn Werner von Brabeck-Vogelsang über. Rosa von Brabeck, einziges Kind des Genannten, war um die Mitte dieses Jahrhunderts mit einem Grafen Stolberg verheirathet. Nach dem Tode des einzigen Sohnes dieser Ehe kam in Folge einer Erbverbrüderung Rauschenburg an den jetzigen Besitzer Freiherrn von Twickel Havixbeck.[3]

Denkmäler-Verzeichniß der Gemeinde Olfen.

1. Dorf,
9 Kilometer südöstlich von Lüdinghausen.

Kirche[1], katholisch, gothisch.

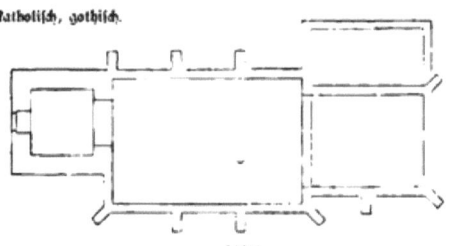

1 : 600

Abgebrochen 1881. Zweischiffig, dreijochig, mit grade geschlossenem Chor. Sakristei, auf der Nordseite desselben, und Westthurm.

---

[1] Chronik Spormecker bei D. von Steinen, Westfälische Geschichte, 4. Theil, Seite 1503.

[2] Vergleiche darüber Schwieters, Geschichtliche Nachrichten über den östlichen Theil des Kreises Lüdinghausen, Seite 341 f.

[3] Mittheilung von Seiten der letztgenannten Familie.

[4] Schwieters, westlicher Theil des Kreises Lüdinghausen, Seite 397 f.

[5] Nach Bamsskizze und Kataster.

Zweiseitige Gießkanne, gothisch. Bronze. 30 cm hoch, zerbrochen. (Abbildung unten.)

Doppelmadonna, eine Hälfte, gothisch, von Holz. 1,40 m hoch. (Abbildung Tafel 81, links.)

Chorbuch, auf Pergament, rohe Ausführung mit Initialen S (siehe Seppenrade). 6 cm hoch, roth. Ornamente schwarz.

Chorbuch der Fraterherren zu Münster. Initial G (Seite 1) und U (siehe unten), 5¼ cm hoch, blau und roth.

4 Glocken mit Inschriften:

1. Ascheberg zu Ruisgenburg, Fridach zur Santfurt und Rechede, Wulf zu Füchtelen und Davesberg renova. Anno Dni 1640 sub pasto. Arnoldo Erlenwein. Claudi Lermiral gott mir bewat. S. Paulus Patronus patriae.   1,41 m Durchmesser.

2. Salvator mundi salva nos. Pastore Herm. Isfordinck me fecit Joannes Paris observans A. D. 1634.   Durchmesser 0,83 m.

3. Peter Nelmann von Soest goth mich im jar MDLXXXXVIII (1598) S. Vit ist mein name, ropet godt ahn alle thosamen +   1,00 m Durchmesser.

4. De got Liberius sluck mi. god hebbe danck vor sine gnade A° 1554. Durchmesser 0,43 m.

Beim Abbruch der Kirche veräußerte[1] Inventarstücke:

Taufstein (siehe Sandfort, Seite 79.)

Sakramentshäuschen, gothisch. Reste seit Abbruch der Kirche im Garten des Amtmann Thiemann, der Verwitterung preisgegeben.

Doppelmadonna, zweite Hälfte, z. Zt. in einem Heiligenhäuschen des Oekonomen Hölper der Bauerschaft Rechede, mit verunstaltendem Anstrich, den Witterungseinflüßen ausgesetzt. (Abb. Taf. 81, rechts.)

Epitaphien (siehe Rauschenburg Seite 80.)

Gießkanne

U
Initial eines Chorbuchs.

---

[1] Ohne bischöfliche und staatliche Genehmigung

2. Rittergut Sandfort [1] (Beſitzer: von Wedel).

Schloß, Renaiſſance, einfach, reſtaurirt.

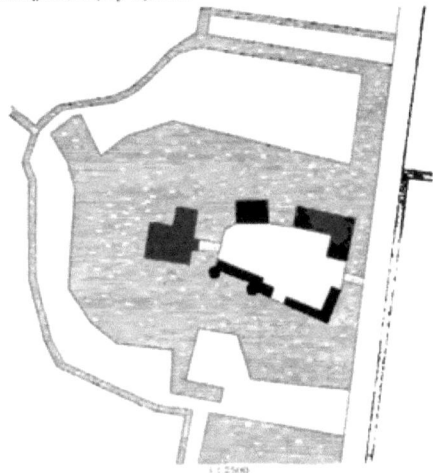

1 : 2500

Nebengebäude, mit runden Eckthürmen und Schießſcharten, Ziegelrohbau. (Abbildung Tafel 82.)

Schrank, Renaiſſance, 1,13 m lang mit fünf theils figürlichen, theils Ornament-Füllungen. (Abbildung Tafel 83.)

Taufſtein, gothiſch, früher Kirche zu Olfen, gut erhalten mit Reſten alter Vergoldung, 80 cm hoch, 94 cm Durchmeſſer, achtſeitig auf rundem Fuß, von vier Thierconſolen geſtützt, mit acht Reliefs: Madonna, die hl. drei Könige und vier weiblichen Heiligen, jede Seite 40 cm breit. (Abbildungen Tafel 83 und 84.)

---

[1] Schwieters, weſtlicher Theil des Kreiſes Lüdinghauſen, Seite 363 f

3. Rittergut Rauschenburg[1] (Besitzer: von Twickel).

Hauptgebäude, Ruine.

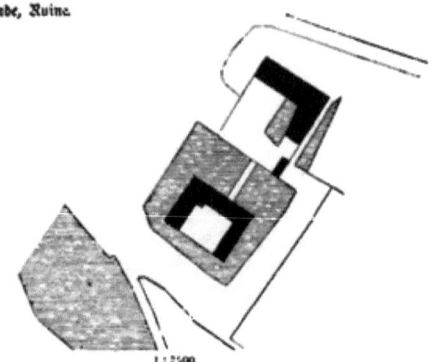

1 : 2500

5 Steine aus der früheren Kirche zu Olfen, auf der Tenne des Nebengebäudes lagernd:

2 Epitaphien, Renaissance, mit Figuren. $2_{,40}$ m lang, $1_{,12}$ und $1_{,40}$ m breit.

2 Wappensteine, gothisch. 86/58 cm groß. (Abbildung siehe unten.)

1 Inschrifttafel, 70/40 cm groß, mit der Jahreszahl 1517.

Wappenstein.

[1] Schwieters, westlicher Theil des Kreises Lüdinghausen, Seite 302 f. — Nordhoff, Holz- und Steinbau Westfalens, Seite 215.

Lichtdruck von Römmler & Jonas, Dresden. Aufnahme von B. Cohen, 1891.

Kirche: Doppelmadonna

Bau- u. Kunstdenkmäler von Westfalen.

Kreis Lüdinghausen

Lichtdruck von Römmler & Jonas, Dresden.

Aufnahme von R. Schott, 18..

Schloß
(von Wedel)

Sandfort.

Lichtdr. von Dr. E. Albert & Co., München.   Aufnahme von B. Lübecke 1895.

Schloß.

Sandfort.

Bau- u. Kunstdenkmäler von Westfalen.

Kreis Lüdinghausen.

Schloß. Taufstein
(von Wedel.

Ottmarsbocholt.

Die Gemeinde Ottmarsbocholt liegt in der mit Sagen so reich umsponnenen Davert, umgeben von Ascheberg, Denne, Senden und Lüdinghausen. Dieselbe hat rund 26 ☐ Kilometer Fläche und zerfällt in die drei Bauerschaften: Dorfbauerschaft, Kreuzbauerschaft und Oberbauerschaft. Sie hat 1478 Einwohner, darunter 1468 Katholiken und 10 Protestanten.

Quellen und Litteratur:

Gräflich Eberhary'sches Archiv zu Nordkirchen. — Gräflich Droste'sches Archiv zu Darfeld — A. Tibus, Gründungsgeschichte, Seite 676 f. — J. Schwieters, Geschichtliche Nachrichten über den westlichen Theil des Kreises Lüdinghausen, Seite 9 f.

Ottmarsbocholt bestand als Pfarre im Jahre 1188; Gründer waren ohne Zweifel die Grafen von Dale, die Besitzer des Hofes Ottmarsbocholt, da sie in dem genannten Jahre schon das Patronatsrecht über Ottmarsbocholt hatten.[1]

Das Gebiet gehörte wahrscheinlich vor der Gründung zu der Pfarre Ascheberg. Patron ist der heilige Urban.

Der Name Ottmarsbocholt, Otmares Bok-Holt, bedeutet Otmars Buchenwald; die ganze Davert bestand ehemals aus Wald und Haide. Otmar ist sächsischer Personenname.

Der Hof Ottmarsbocholt war später im 14. Jahrhundert in dem Besitz der Herrn von Münster, und diese waren deshalb auch Patronatsherrn, bis die Familie um 1585 ausstarb.

Damals wurde der Hof Ottmarsbocholt zersplittert, aber durch verschiedene Ankäufe wieder vereinigt in der Hand des Herrn von Droste-Vischering (Darfeld), der so das ganze Patronal wieder in seiner Hand vereinigte.[2]

Die Vikarie beatae Mariae virginis zu Ottmarsbocholt wurde 1532 von Berta von Diepenbrock, Wittwe des Johann von Münster-Boßlar, gestiftet und dotirt.[3]

[1] D mit Mariä Geburt. Aus einem Brevier (Pergament-Manuskript) der Schloßbibliothek zu Nordkirchen. (Siehe oben Seite 22.)

[2] Kindlinger, Münsterische Beiträge III. Nr. 29.

[3] Gräflich Droste'sches Archiv Darfeld.

Ueber die Bauzeit der 1823 abgebrochenen Kirche gab eine Inschrift an einem Thürsturz Nachricht: Do men scref dusent verhundert negentich unde een, Do wort gelacht to desser kerken de eirste steen. Der Chor war von einem französischen Emigranten Charles Firmin Lange erbaut. 1818 wurde ein großer Theil des Dorfes durch Brandunglück eingeäschert.

Das Rittergut Lindhövel, in der Kreuzbauerschaft, jetzt nur noch ein Pachthof. Hier wohnte eine Seitenlinie der von Münster-Boxlar. Der erste urkundlich vorkommende Arnold von Münster-Lindhövel starb 1599.[1]

Später war eine Familie von Noh daselbst seßhaft. (Wappen: Schild schräg quer getheilt, auf der Theillinie zwei Vögel, unter derselben ein Henkelkrug; über dem Schild ein Adlerflug.)

Im siebenjährigen Krieg soll ein fremder Offizier von Noh die Erbtochter von Münster zu Lindhövel geheirathet und so das Gut erlangt haben.

1856 kam das Gut käuflich an Graf Droste.[2]

Denkmäler-Verzeichniß der Gemeinde Ottmarsbocholt.

Dorf, 8 Kilometer nordöstlich von Lüdinghausen.

Kirche[3], katholisch, gothisch, 15. Jahrhundert.

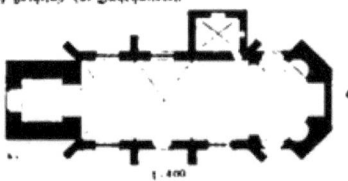

1 : 400

Abgebrochen bis auf den Thurm, dessen Portal neu.

Thurmfenster und entsprechende Mauernischen im oberen Geschoß mit Maßwerk, schlanke Spitze. Jahreszahl im unteren Geschoß: 1481.

Monstranz, gothisch, restaurirt, 0,61 m hoch. (Abbildung Tafel 85.)

3 Glocken mit Inschriften:

1. Sit gloria in altis Deo, nec non in terra pax sit hominibus bonae volontatis

   Heiland der Weld.

   Alexis Petit met syn twee soone me fuderunt.   Augustus.   A° 1784.

   1,13 m Durchmesser.

2. Alexius Petit met syn twee soone me fuderunt.   Augustus.   A° 1784.

   Maria.   0,63 m Durchmesser.

3. 1935.

[1] Nekrolog des Lüdinghauser Roland.
[2] Archiv Darfeld.
[3] Schwieters, westlicher Theil des Kreises Lüdinghausen, Seite 23 f.
[4] Nach Grundriß von Architekt Hanemann.

Kirche.

Thurm

Monstranz

Selm.

Die Gemeinde Selm, rund 26 ☐ Kilometer groß, ist umgeben von Lüdinghausen, Olfen. Bork, Südkirchen und Nordkirchen. Sie hat 1979 Einwohner, darunter 1975 Katholiken und 4 Protestanten. Die Funne fließt der Länge nach durch die Gemeinde und mündet an der Grenze derselben in die Stever. Bauerschaften: Dorfbauerschaft, Ondrup, Beifang, Teensche, Westerfeld.

Quellen und Litteratur:

Gräflich Eberhayr'sches Archiv zu Nordkirchen. — Gräflich Landsberg'sches Archiv zu Gemen. — Abtei Werdener Archiv, dem Landesarchiv zu Düsseldorf einverleibt. — J. Tibus, Gründungsgeschichte, Seite 656 f. — J. Schwieters, Geschichtliche Nachrichten über den westlichen Theil des Kreises Lüdinghausen, Seite 402 bis 442.

In der Dorfbauerschaft Selm, die ursprünglich auch Ondrup und Beifang (Gerichtsbeifang der Burg Botzlar) mit umfaßte, besaß das Stift Werden einen Oberhof mit neun bis zehn Unterhöfen.

Die mit diesen Höfen von Werden belehnten Herrn von Meinhövel verkauften dieselben im Jahre 1282 an den Bischof Eberhard von Münster,[1] und seitdem blieb der bischöfliche Stuhl in dem Besitz des Haupthofes, genannt Hof Selm, bis zur Ablöse in diesem Jahrhundert; jetzt Besitzer Weischer.

In der Nähe dieses Hofes liegt die Kirche und das Dorf Selm. Die Kirche ist ohne Zweifel auf dem Grunde des Hofes Selm erbaut, eine Abtei Werdener Stiftung, da diese nicht nur das Patronat über die Pfarrstelle besaß, sondern seine eigenen Konventualen zu Selm bis zum Anfange dieses Jahrhunderts als Pfarrer anstellte. Zuerst urkundlich erwähnt wird die Pfarre Selm im Jahre 1188.[2]

Kirchenpatrone sind die heiligen Fabian und Sebastian. In der im 15. oder 16. Jahrhundert erbauten Kirche findet sich im Innern an der Churmmauer die Inschrift: Renovatum anno 1688. H. B. P. S. (Heinrich Bohle, Pastor Selmensis.) Dilexi Domine decorem domus tuae. Die Vikarie beatae Mariae virginis wurde 1469 von Lubbert von Morrien, Burgmann zu Botzlar, gegründet und dotirt. Das „Bastes Armenhaus" zu Selm stiftete 1581 Katharina von Münster-Botzlar.[4] Die erste Volksschule wurde 1664 eingerichtet.[5]

---

[1] S aus einem Pergament-Manustript der Schloßbibliothek zu Nordkirchen (Siehe oben Seite 72), 2,4 cm hoch.

[2] Wilmans Urkunden-Buch, Nummer 1185.

[3] Kindlinger, Münsterische Beiträge III. Urkunden 29.

[4] Gräflich Droste'sches Archiv Darfeld.

[5] Archiv Nordkirchen.

1491 (28. April) fand bei Selm ein blutiger Kampf zwischen den Lünenser und Halterner Bürgern statt.[1]

1589 (im November) fielen die Holländer, vor der Stadt Dülmen vertrieben, über Selm her und plünderten und brandschatzten den Ort. Im September des folgenden Jahres (1590) kamen sie wiederum nach Selm und raubten Alles, was zu haben war.[2]

1608 wurden zu Selm bei einem Brande 92 Häuser eingeäschert.[3]

Boxlar, ehemals bischöfliche Landesburg, dann Sitz eines Zweiges der Herrn von Münster und anderer Rittergeschlechter, jetzt Pachtgut des Grafen von Landsberg-Velen-Gemen. Die von Meinhövel besaßen im 13. Jahrhundert Boxlar als Allod oder als Lehen von Münster oder Werden. 1282 verkauft Godfried von Meinhövel die Burg an den Bischof Eberhard von Münster[4], der dieselbe zu einer Landesburg einrichtete.

1315 verpfändete Bischof Ludwig Boxlar dem Herrn von Münster Meinhövel.[5]

Der Pfandbesitz der von Münster wurde ein dauernder. Auch die Burgmannssitze bei der Hauptburg erwarben sie nach und nach, seit die Burg als Landesfestung keine Bedeutung mehr hatte. Mit Jakob von Münster starb um 1560 der Stamm aus. Diesem folgte die Schwester Katharina, die in ihrem Testament vom Jahre 1585 Boxlar, wozu auch der Oberhof Otmarsbocholt gehörte, den Kindern ihrer Schwester Anna, Frau von Gysenberg, vermachte. Deren Enkelin Anna von Werminkhaus erbte das Gut und brachte dasselbe ihrem Manne, Heinrich von Ascheberg-Göttendorf, mit in die Ehe. Dieser, beziehungsweise dessen Sohn, begründete die Linie von Ascheberg-Boxlar, die um 1750 erlosch. Durch Heirath der ältesten Tochter Anna Pelegrina mit dem Reichsfreiherrn H. A. von Velen kam Boxlar an das Haus Velen, welches, wie anfangs gesagt, noch jetzt in Besitz desselben ist.[6]

Die Rittergüter Groß- und Klein-Buxfort. Beide liegen nahe zusammen in der Bauerschaft Westerfeld. Wahrscheinlich sind sie durch Theilung aus einem ursprünglichen Gute entstanden. Schon im 13. Jahrhundert saß hier die Familie von Buckesvorde, die einen rechts anspringenden schwarzen Bock im Wappen führte.

Um 1400 war die Familie schon auf Klein-Buxfort beschränkt. Der letzte, Reiner von Buxfort, verkaufte 1511 dieses Gut an die Herrn zu Senden in Kirchspiel Olfen, die dasselbe 1570 wiederum dem G. von Morrien zu Nordkirchen für 7500 Thaler und 7500 Goldgulden käuflich überließen.

Zu Groß-Buxfort saß seit etwa 1400 die Familie von Schilling. (Goldener Schild mit 1 schrägem, schwarzen, unten gezinnten Balken.) Um 1800 starb das Geschlecht mit Karl Stephan aus und „Schillings-Plan" fiel an die Kinder einer Schwester des Vaters, an die von Kerkering zu Stapel. Als diese um 1830 das Gut öffentlich versteigern ließen, erwarb es ein Herr von Hövel.

1870 kam auch dieses Gut durch Kauf an Nordkirchen.[7]

[1] von Steinen, Westfälische Geschichte III. Seite 1157.
[2] Dr. J. Janssen, Die Geschichts-Quellen des Bisthums Münster III Seite 110 und 114.
[3] Stadt-Archiv Lüdinghausen.
[4] Wilmans, Urkunden-Buch, Nummer 1140.
[5] Crop, Westphalia 1825, 3 Quartal, Seite 85.
[6] Fahne, Westfälische Geschichte; von Münster; Archiv Nordkirchen; Archiv Gemen.
[7] Gräflich Esterbaur'sches Archiv zu Nordkirchen; Mittheilung des Freiherrn Max von Spiessen; Fahne, Geschichte der Herrn von Hövel; von der Reck, von Schilling.

Denkmäler-Verzeichniß der Gemeinde Selm.

Dorf,

5 Kilometer südlich von Lüdinghausen.

Kirche[1], katholisch, gothisch, 15.—16. Jahrhundert.

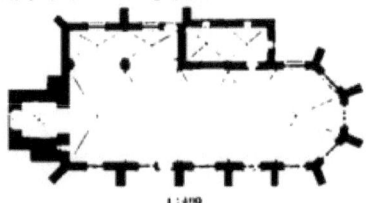

1 : 400

Zweischiffige, zweijochige Hallenkirche mit zweijochigem durch fünf Seiten des Achtecks geschlossenem Chor, zweijochiger Sakristei auf der Nordseite desselben und romanischem Churm. Die Joche des Seitenschiffs mit Giebeln.

Kreuzgewölbe mit Rippen und Schlußsteinen auf runder Säule, beziehungsweise Wandvorlage und Consolen.

Fenster, zwei- und dreitheilig.

Nische in der Sakristei, spitzbogig mit Maßwerk, und am nordöstlichen Chor-Strebepfeiler.

[1] Schwieters, westlicher Theil des Kreises Lüdinghausen, Seite 33-f.

Taufstein, gothisch, achtseitig, 1,00 m hoch, 0,90 m Durchmesser, auf profilirtem Fuß, mit Maßwerk-
füllungen im oberen Theile.

Chorstuhl, spätgothisch und Renaissance, mit fünf Sitzen, 3,50 m lang, 1,00 m breit. (Abbildung Taf. 86.)

4 Glocken mit Inschriften:

1. Renovatum anno 1688 H. B. Psalm 25. V. 8.   1,12 m Durchmesser.

2. Sactus Sebastianus bin ich genant. Wan ich rope, so komet tho hant, und gevet godt
lof, ere un Dack M°CCCC°XCVI° (1496).   1,05 m Durchmesser.

3. und 4. neu, von Petit und Gebr. Edelbrock, 1865 und 1890.

Selm.

Bau- u. Kunstdenkmäler von Westfalen.

Kreis Lüdinghausen.

Aufnahme von A. Lüdorf, 1911.

Lichtdruck von Albrecht & Meister, Berlin.

Kirche:
Innenansicht und Chorstuhl

enden.

Die Gemeinde Senden, im Gebiet der Davert gelegen, ist umgeben von Venne, Ottmars-bocholt und Lüdinghausen des Kreises Lüdinghausen, von Hiddingsel und Buldern des Kreises Coesfeld, sowie von Nottuln, Appelhülsen, Bösensell, Albachten und Amelsbüren des Kreises Münster. Die Gemeinde wird von Norden nach Süden von der Stever durchflossen, die beim Hause Senden den Dümmerbach aufnimmt.

Bauerschaften: Dorfbauerschaft, Holtrup, Gettrup, Schölling, Wirling, Bredenbeck. Größe 38½, □ Kilometer. Einwohner: 2588 Katholiken, 7 Protestanten.

Quellen und Litteratur.

Staats-Archiv zu Münster: Akten über die Domkapitularischen Güter. — Freiherrlich von Droste'sches Archiv zu Haus Senden. — A. Tibus, Gründungs-Geschichte, Seite 796 f. — J. Schwieters, Geschichtliche Nachrichten über den westlichen Theil des Kreises Lüdinghausen, Seite 29 bis 81.

In der Bauerschaft Sindinon, Sendenon, Sendene, welche die jetzige Dorfbauerschaft und auch Holtrup, ehemals Oldensenden genannt, umfaßte. lag ein Stift Werdener Hof, der um das Jahr 1000 in den Besitz des bischöflichen Stuhles zu Münster überging. Auf diesem Hofe wurde wahrscheinlich im Anfange des 11. Jahrhunderts die Pfarrkirche Senden von dem Bischofe zu Münster gegründet.[1] Patron ist der heilige Laurentius Martyr.

Der Name der Bauerschaft Senden soll von Synodus, Sind, Send kommen, von den Volks-versammlungen an dem Freistuhl zu Oldensenden, dem präsumptiven Hauptstuhl des ganzen Stevergaues.[2]

Die Vikarie St. Antonii et Theobaldi wurde 1462 von dem Pfarrer zu Senden Gerhard Brunstein fundirt; die dem Hause Groß-Schönebeck annexe, jetzt nach Senden transferirte, Vikarie Stae. Catharinae im Jahre 1528 von Heinrich von Hake, Domdekan zu Münster.[4]

[1] ś mit Darstellung Matthäus 12, 34—34. Aus einem Vervier (Pergament-Manuskript) der Schloßbibliothek zu Nordkirchen (siehe oben Seite 22).

[2] A. Tibus, Gründungsgeschichte, Seite 803. — Wilmans Urkunden-Buch Nr. 111.

[3] Tibus, am angeführten Orte, Seite 802.

[4] Vikarien-Archiv zu Senden.

1587 (11. April) fand bei dem Orte Senden ein Kampf statt zwischen den Spaniern und den Bauern der Umgegend, wobei auf beiden Seiten viele todt blieben. Das Dorf wurde von den Spaniern in Brand gesteckt und brannte mit Ausnahme der Kirche vollständig nieder.

1591 (im November) wurde Senden von den Holländern geplündert. 1598 waren die Spanier abermals zu Senden und raubten, was zu haben war.[1]

Das Rittergut Senden, in der Bauerschaft Holtrup an der Stever. Das Gut heißt ursprünglich Benekamp und war der Stammsitz des Geschlechts von Benekamp. Um 1350 folgte die Familie von Senden, die im Orte Senden ihren Stammsitz hatte. Um 1400 heirathete Sander von Droste-Kakesbek die Kunigunde von Senden und erlangte damit den Besitz des Hauses, auf dem noch zur Zeit das Geschlecht von Droste blüht.[2]

Das Rittergut Norup, westlich am Dorfe Senden, durch die Stever davon getrennt. Hier wohnte die Familie von Norup, die 1361 ihren Wohnsitz im Dorfe Norup an Hermann von Merveldt verkaufte.

Um 1590 folgte die Familie von Drolshagen, dann um 1650 die Familie von Twickel (schwarzer Kesselhaken in Silber), die aber bald darauf (um 1680) im Mannesstamm ausstarb und das Gut durch eine Tochter an das Geschlecht von Dunebstorf brachte. Im Anfange dieses Jahrhunderts ist wieder der Freiherr von Twickel-Havixbeck in Besitz, der um 1880 das Haus abbrechen ließ.[3]

Das Rittergut Venhaus, in der Bauerschaft Holtrup, 3 Kilometer vom Dorfe Senden, jetzt Pachthof des Freiherrn von Droste-Senden. Ehemals Lehen der Herrschaft Lüdinghausen, mit dem um 1300 Godert Bischoping belehnt war. Um das Jahr 1500 finden wir die Familie von Overhagen zu Venhaus, die zwei rechts schräg gestellte schwarze Kronen in Silber führt. Eine Tochter dieses Geschlechts brachte gegen Ende des 16. Jahrhunderts das Gut an einen Zweig der Familie von Twickel, der um das Jahr 1750 erlosch. Später kam dasselbe durch Kauf an das Haus Senden.[4]

Das Haus Groß-Schönebeck, in der Bauerschaft Bredenbek an der Stever, an der Grenze des Kirchspiels. Ursprünglich Besitzthum, ein „Amt", des Domkapitels zu Münster, verbunden mit einem Jurisdiktionsbezirk oder Beifang. Die von dem Domkapitel vom 12. Jahrhundert an angestellten „Amtmänner" nannten sich von Schönebek.

Vom Anfange des 16. Jahrhunderts an hatte das Domkapitel, beziehungsweise der belehnte Domherr den Hof in eigener Verwaltung oder doch mit Zeitpächtern besetzt.

Nach der Säkularisation wurde Schönebek 1815 vom Fiskus verkauft und kam an die Familie von Hanxm, von dieser 1852 an den Herzog Crov-Dülmen.[5]

Das Rittergut Klein-Schönebeck, jetzt ebenfalls Pachtgut, nur einige hundert Schritt von Groß-Schönebeck entfernt. Auch hier saß vom 14. Jahrhundert an ein Zweig der Familie von Schönebek bis um 1550, wo Aleid von Schönebek (Erbtochter) das Gut durch Verheirathung an die Familie von Brabek brachte. Anna Sibilla von Brabek erhielt dasselbe im Jahre 1636 durch Uebertrag von ihrem kinderlosen Bruder und brachte es dem H. Otto von Westerholt in die Ehe; seitdem ist diese Familie Besitzerin des Gutes geblieben.[6]

[1] Dr. J. Janssen, Geschichts-Quellen des Bisthums Münster III. Seite 95, 119; Bericht eines Anonymus. Datum Düstrow 1598.
[2] Archiv des Hauses; Fahne, Westfälische Geschlechter: von Droste.
[3] J. Schwieters, Geschichtliche Nachrichten über den westlichen Theil des Kreises Lüdinghausen, Seite 63 f.
[4] Staatsarchiv zu Münster, Akten Lüdinghausen, Fahne, Geschlechter der Herrn von Hövel: von Twickel.
[5] Mittheilung des Herrn Pastor Schmitz in Senden.
[6] Fahne, Geschichte der Herrn von Hövel: von Brabek.

Denkmäler-Verzeichniß der Gemeinde Senden.

1. Dorf Senden,

10 Kilometer nördlich von Lüdinghausen.

Kirche[1], katholisch, spätgothisch, abgebrochen 1869.

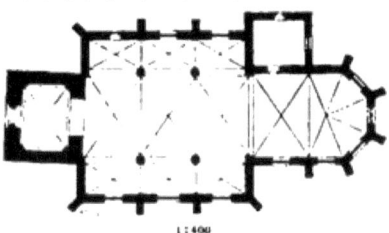

1 : 400

Dreischiffige, dreijochige Hallenkirche mit niedrigen Seitenschiffen.

Chor einjochig, mit ⁵/₈ Schluß; Sakristei auf der Nordseite desselben.

Thurm romanisch.

Fenster zweitheilig, Maßwerk mit Fischblasenmuster.

Sakramentshäuschen[2], spätgothisch, vierseitig, auf Löwen ruhend, reicher Aufbau (jetzt als Altaraufsatz benutzt). 78 cm breit, Oeffnung 1,0/0,44 m i. L. (Abbildung Tafel 92.)

Sakramentshäuschen, desgleichen, Wandnische auf der Nordostseite des Chors, mit reicher Bekrönung. 94 cm breit. Oeffnung 51/68 cm i. L. (Abbildung Tafel 87.)

Kreuz[3], romanisch, 12. Jahrhundert, von Holz und vergoldeten Kupferplatten, mit Gravirung, Email, Relief und Edelsteinen. Darstellungen der Vorderseite: Christus am Kreuze (Relief), an den Enden betende Engel (deren Köpfe Relief), auf der Rückseite: Christus auf dem Regenbogen, betende Engel und die Symbole der Evangelisten (außer beiden Engeln sämmtliche Köpfe Relief). 4,. cm Stabbreite, 52/52 cm groß. (Abbildungen Tafel 88 und 89.)

Reliquienkästchen[4], romanisch, 10. und 12. Jahrhundert, von Holz und emaillirten, vergoldeten Metallplatten mit Darstellungen und Namen der Apostel, sowie Inschriften an den Längsseiten. Auf dem Deckel: Gott Vater mit zwei Engeln und die Kreuzigungsgruppe in der Mitte; auf dem Rande betende Engel, in den Ecken die Symbole der Evangelisten. 21, 14, 9 cm groß. (Abbildungen Tafel 90 und 91.)

---

[1] Schwieters, westlicher Theil des Kreises Lüdinghausen, Seite 71 f.; Lübke, Westfalen, Seite 302.

[2] Lübke, Westfalen, Seite 303.

[3] Lübke, Westfalen, Seite 412. — Katalog der Ausstellung des Alterthumsvereins 1879 Nr. 477. — Vergleiche: Kunstdenkmäler des christlichen Mittelalters in den Rheinlanden, Dr. E. Aus'm-Werth, Band III Tafel LIV (2 Kreuze im Domschatz zu Köln, 1 im Rittersaal des Schlosses zu Braunfels, 1 im Pfalzel bei Trier). — Desgl.: Kulturgeschichte des deutschen Reichs, Otto Henne am Rhyn, Seite 246; Kreuz im Dom zu Trier. — Desgl.: Kunstdenkmäler des Kreises Waldshut, F. X. Kraus, dritte Band, Kirchenschatz in St. Blasien, Tafel IX. — Desgl.: Nordische Oldsager, 1 det Kongelige Museum i Kjöbenhavn, Seite 135. — Desgl.: Kreuz in der Kapelle bei Dörenhagen, Kreis Paderborn, und Weihrauchschiffchen der Kirche zu Neuenbeken, Kreis Paderborn.

[4] Lübke, Westfalen, Seite 412. Katalog der Ausstellung des Alterthumsvereins 1879 Nr. 477.

Kalkkreuz, Renaissance, mit Kreuzigungsgruppe, vier Evangelisten und Ecce homo, 1,49 m hoch, Stabbreite 19 cm. (Abbildungen Tafel 92 und 93.)

3 Glocken mit Inschriften:

1. Appellor Maria, mea vox et demones arcet et . . . . Wolter Westerhues me fecit anno domini MCCCCCXXVIII (1528). Durchmesser 1,50 m.
2. Johan Schweys me fecit monasterii ad majorem dei gloriam parochian per . . . . . me renovarunt a° 1732. Durchmesser 1,49 m.
3. Neu von Boitel 1855.

2. Rittergut Senden [1] (Besitzer: von Droste).

Renaissance, restaurirt.

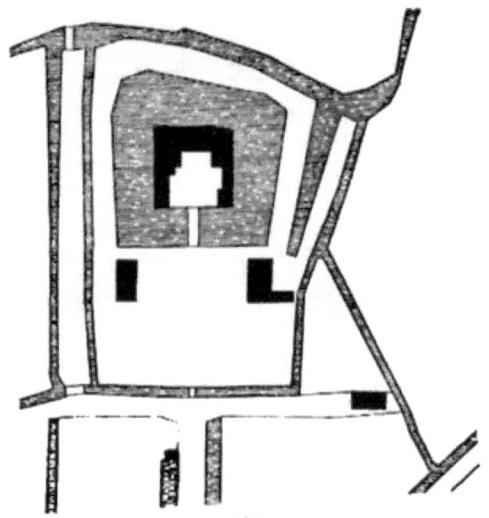

1 : 2000

Gebäude einfach.

Büffetschrank, Renaissance, aus Theilen eines Himmelbetts zusammengesetzt. Flachschnitzwerk. 1,41 m breit. (Abbildung Tafel 94.)

Schrank, Renaissance, drei Füllungen mit Flachschnitzwerk. 1,41 m lang. (Abbildung Tafel 94.)

Pokal, Renaissance, Silber, vergoldet. (Abbildung Tafel 95.)

1 Schwieters, westlicher Theil des Kreises Lüdinghausen, Seite 38. — Nordhoff, Holz- und Steinbau Westfalens, Seite 324 f.

5. Rittergut Groß-Schönebeck[1] (Besitzer: von Croy.)

15 Kilometer nördlich von Lüdinghausen.

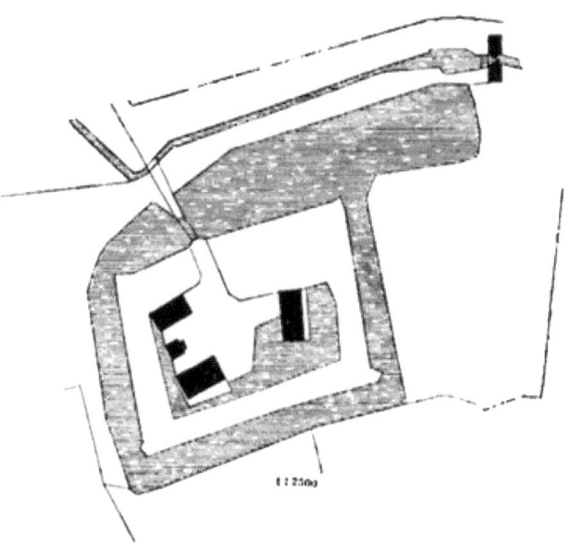

1 : 7500

Thorhaus mit Treppenthurm, Renaissance.

[1] Schwieters, westlicher Theil des Kreises Lüdinghausen, Seite 441

4. Rittergut Klein-Schönebeck[1] (Besitzer: von Westerholt).
15 Kilometer nördlich von Lüdinghausen.

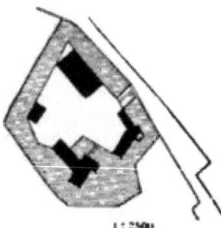

1 : 2500

Gothisch und Renaissance mit Treppenthurm. Die Giebel mit Fialen in Ziegelrohbau. Stuckdecken.

[1] Schmeters, westlicher Theil des Kreises Lüdinghausen, Seite 76.

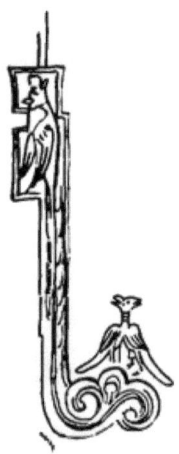

Senden.

Lichtdr. von Dr. E. Albert & Co., München

Aufnahme von J. H. Nordhoff 1869 und H. Ludorff 1871

Kirche:

1—3. Nordansicht und Schnitte der früheren Kirche; 4. Sakramentshäuschen.

Senden

Hon- u. Kunstdenkmäler von Westfalen.

Kreis Lüdinghausen

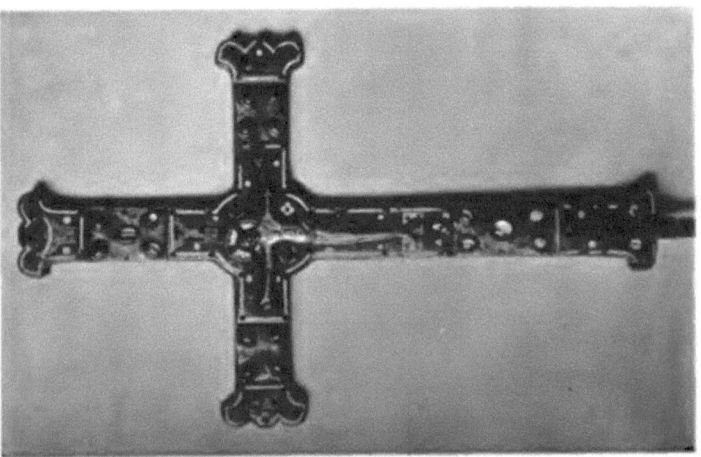

Zeichnung von R. Scharff 1893.

Kirche. Vortragefreuz.

Lichtbruck von Römmler & Jonas, Dresden

Senden

Lichtdruck von Albert Frisch, Berlin.

Kreis Lüdinghausen

Aufnahme von J. Gebert, 1907.

Bau- u. Kunstdenkmäler von Westfalen

Kirche: Vortragekreuz. Details.

Vorderseite

Rückseite

Senden

Lichtdruck von Römmler & Jonas, Dresden.   Aufnahme von B. Lübeck 1891.

Kirche: Reliquienbehälter.
Deckel.

Senden.

Kreis Lüdinghausen.

Neue u. Kunstdenkmäler von Westfalen.

Aufnahmen von H. Lübeck, 1912

Lichtdruck von Schwartz & Jonas, Berlin

Kirche: Reliquienbehälter.

Senden

Kirche:

Sakramentshäuschen

Kaselkreuz

Senden

Herrn Schlingmann.

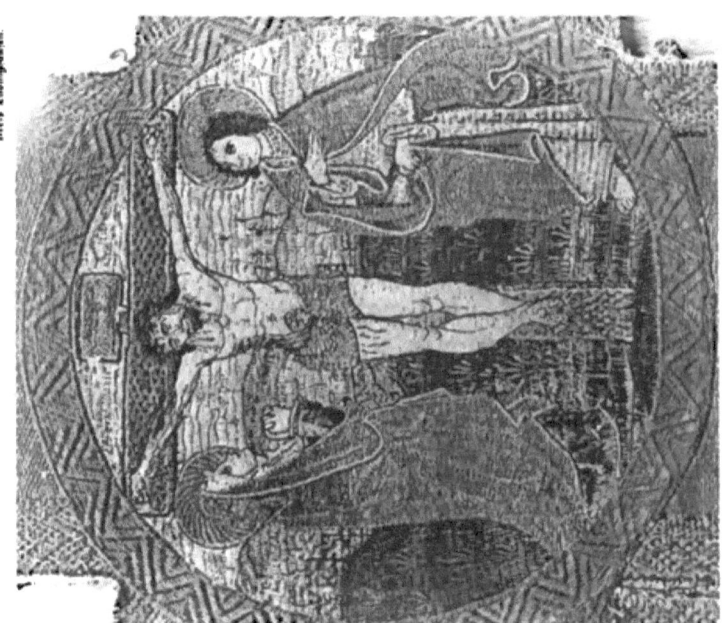

Neu- u. Kunstbaufmaler von Westfalen.

Lichtdruck vom Kunstin b. Janer, Barmen.

Kirche: Vortragkreuz Detail.

Schloß: Pokal

Aufnahme von H. Schroff, 1891.

Groß-Schönebeck.

Neues Wohnhauen

Neu u. Kunstdruckatelier von W.Scholze

Verlag von A. Scherl, 1899.

Lichtdruck von Römmler & Jonas, Dresden.

Rittergut (von Troy).

Klein-Schönebeck.

Kreis Oberbarnim.

Aus d. Hauptstraße von Westhofen.

Rittergut
(von Westerholt).

Lichtdruck von Römmler & Jonas, Dresden.

Seppenrade.

Die Gemeinde Seppenrade, 60 ☐ Kilometer groß, ist umgeben von Lüdinghausen und Olfen des Kreises Lüdinghausen, sowie von Hüllern, Haltern und Dülmen des Kreises Koesfeld. Die Gemeinde besteht aus den Bauerschaften: Dorfbauerschaft Seppenrade, Ontrup, Leversum, Emkum, Reckelsum und Tetekum, ehemals im 12. Jahrhundert und früher genannt: Sapperothe, Oldendorpe, Cieverikeshem, Immichem, Nikolveshem und Cottinghem.[1] Sapperothe (die Bauerschaft) umfaßte ursprünglich auch einen Theil von Oldendorpe; letzteres entstand seit der Gründung der Pfarrkirche und Bildung eines neuen Dorf um dieselbe, aus dem genannten Theile von Seppenrade und den alten Bezirken Spöddinktorpe und Bodmareshem.[2] Der Name Sapperothe, Sepperothe, Seperode ist entstanden in dem letzten Theile aus Roth, Rodt, Rodung, in ersten vielleicht aus Siepe, wie die tiefen, durch das herabfließende Wasser gebildeten Schluchten an dem Berge, worauf das Dorf liegt, genannt werden. Einwohner: 2535 Katholiken, 16 Protestanten und 6 Juden.

Quellen und Litteratur:

Freiherrlich von Böslager'sches Archiv zu Iieffen. — Archiv des ehemaligen Amtshauses zu Lüdinghausen, jetzt dem Staats-Archiv zu Münster einverleibt. — A. Tibus, Gründungs-Geschichte, Seite 209 f. — J. Schwieters. Geschichtliche Nachrichten über den westlichen Theil des Kreises Lüdinghausen, Seite 294—321.

In der Bauerschaft Seppenrothe war ein Rittergeschlecht ansässig, welches den Namen von Seppenrothe führte.

Rodolf 1163—1190, Alexander 1179, Henrikus Domherr 1181—1194, Godeskalkus 1233.[4]

Diese Familie hat ohne Zweifel auf einem Pertinenz ihres Hofes die erste Kirche gegründet und die Pfarrstelle dotirt, da mit dem Besitz des Hofes von jeher das Patronat verbunden war. Die Pfarre Seppenrade wird zuerst urkundlich erwähnt im Jahre 1184.[5]

[1] S aus einem Chorbuch der Kirche zu Olfen (siehe oben Seite 20).

[2] Erhard, Cod. 445, 445; Wilmans Urkunden-Buch 1516; Werdener Heberegister bei Lakomblet, Archiv II. 210.

[3] Schwieters, Geschichtliche Nachrichten über den westlichen Theil des Kreises Lüdinghausen, Seite 297.

[4] Vergleiche Dr. R. Wilmans, Index zu Erhard, Regesten: Seppenrothe; C. A. Heyden, Register zu Wilmans Urkunden-Buch: Saperode.

[5] Erhard, Cod. 445.

Daß Seppenrade eine Filiale von Lüdinghausen ist, unterliegt keinem Zweifel.

Patron ist der heilige Dionysius.

Die im Jahre 1882 abgebrochene alte Kirche wurde 1771 nach Westen erweitert und der Thurm angebaut, der aber 1842 wieder abgetragen werden mußte, weil er baufällig war.

Auf einem Stein in der Westmauer der Kirche stand die Inschrift: Forti Deo protectore sub Rev. Dno Ulenbrok pastore et Anton Wolfen provisore feliciter erecta (turris) et perfecta consisto.

Beim Abbruch der alten Kirche fand man unter dem Boden derselben alte Grundmauern, die ein Rechteck von 13 Meter Länge und 10 Meter Breite bildeten. Dieselben gehörten unzweifelhaft einem noch älteren Kirchengebäude an, wahrscheinlich der ersten steinernen Kirche zu Seppenrade. — Bei der Fundamentirung der jetzigen Kirche im Jahre 1882 stieß man im Grunde auf eine dreifache Schicht von Särgen. Die oberste bestand lediglich aus Brettersärgen, die darunter befindliche war mit Baumsärgen gemischt, die tiefste Schicht, etwa 3½ Meter unter der Oberfläche, zeigte nur Baumsärge: Baumabschnitte von 150—230 cm Länge, 110—180 cm Umfang, die Wände 8—10 cm dick, das obere Drittel abgespalten und nach Aushöhlung des Inneren mit Beil und Meißel wieder als Deckel benutzt, die beiden Stücke bei den meisten Särgen durch zwei herumgelegte ziemlich schwere Ketten zusammengehalten, über dem Gesichte des Todten in dem Deckel ein kleines Loch.[1]

Im dreißigjährigen Kriege wurde in Tetekum in dem „Brunswicker Strötken" eine Horde des Christian von Braunschweig, von den Kaiserlichen aufgerieben.

Das oben erwähnte **Geschlecht von Seppenrothe** kommt nur bis 1253 in Urkunden vor, scheint also damals ausgestorben zu sein. Nicht viel später finden wir den Hof und die Güter zu Seppenrothe nebst dem Patronat über die Pfarre und dem dem Hofe anklebenden Gericht (Beifang) über die Dorfbauerschaft und die Bauerschaft Reckelsum in dem Besitz der Herrn zu Wulfsberg in Lüdinghausen. Mit Wulfsberg kamen dieselben Besitzungen um 1550 an das Haus Heessen, welches dieselben noch gegenwärtig behauptet.[2]

[1] Mittheilung des Herrn Nopto in Seppenrade.
[2] Schwieters, Geschichtliche Nachrichten über den westlichen Theil des Kreises Lüdinghausen, Seite 313.

Seppenrade.

Lichtdr. von Dr. E. Albert & Co. München.   Aufnahme von H. Cubert 1891.

Kirche.
Taufstein und Altar Details.

Denkmäler-Verzeichniß der Gemeinde Seppenrade.

Dorf,

4 Kilometer westlich von Lüdinghausen

Kirche[1], katholisch, gothisch, abgebrochen.

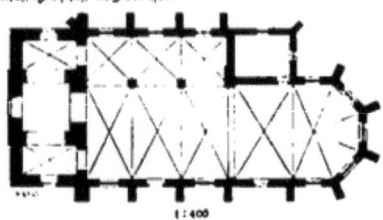

1 : 400

Zweischiffig, dreijochig.

Chor einjochig mit ⁵/₈ Schluß.

Sakristei auf der Nordseite des Chors, 16. Jahrhundert.

Fenster mit Fischblasenmaßwerk.

Thurm mit Seitenhallen, 18. Jahrhundert.

Taufstein, Renaissance, 1,₀₄ m hoch, 68 cm Durchmesser, kelchförmig. (Abbildung Tafel 97.)

Relief, Kreuzigung Christi, Renaissance, im Altar, vom frühern, aus dem „alten Dom" in Münster stammenden Altar benutzt, von Gröninger (?). (Abbildung Tafel 97.)

Zwei Figuren, Petrus und Paulus, desgleichen, 1,₆₀ m hoch. (Abbildung Tafel 97.)

Relief, Abendmahl, desgleichen als Antipendium des Altars, 1,₆₅/0,₄₀ m groß.

Relief, Bekehrung Pauli, desgleichen, im Pfarrhaus aufbewahrt.

4 Glocken mit Inschriften:

    1. Se parat auxilio pia virgo Maria suorum dum campana suos ad sacra templa vocat. Everhardus Petit me fudit anno 1794.   Durchmesser 1,₁₅ m.

    2. St. Dionysius. Anno 1678 Urbanus Hardink me fudit Coesveldiae.   Durchmesser 1,₀₅ m.

    3. S. Paulus apostolus patronus, pastore Con. Elverfeldt, Joannes Paris observans fecit a. D. 1634.   Durchmesser 0,₉₄ m.

    4. von Petit 1824.   Durchmesser 0,₃₄ m.

---

[1] Schwieters, westlicher Theil des Kreises Lüdinghausen, Seite 316 f.

üdkirchen.

Die Gemeinde Südkirchen ist umgeben von Kapelle, Werne, Bork, Selm und Nordkirchen. Man unterscheidet jetzt drei Bauerschaften: Dorfbauerschaft, Osterbauerschaft (bestehend aus den älteren Theilen Gore, Botelinktorpe, Horstorpe und Wyrinktorpe) und Westerbauerschaft, die den alten Bezirk Funne, Wune, Wone, an dem gleichnamigen Flüßchen, mit umfaßt. Größe: 14¹/₄ ☐ Kilometer. Einwohner: 1034 Katholiken.

Quellen und Litteratur:

Gräflich Esterhazy'sches Archiv zu Nordkirchen. — Das Pfarr-Archiv zu Südkirchen, soll sehr alte Sachen enthalten, ist aber nicht geordnet, beziehungsweise nicht mit Katalog versehen. — A. Tibus, Gründungs-Geschichte, Seite 108 f. — J. Schwieters, Geschichtliche Nachrichten über den östlichen Theil des Kreises Lüdinghausen, Seite 108 f. 129 f. — Derselbe, Bauernhöfe, Seite 411—436.

Die ganze Gegend, wo jetzt Nordkirchen, Südkirchen und Kapelle liegen, trug vor tausend Jahren den gemeinsamen Namen Ihtari. Hier existirten schon unter Bischof Siegfried (1022—1032) die zwei Pfarren Nordkirchen und Südkirchen, die von ihrer Lage zu einander benannt sind.[1]

Da der bischöfliche Stuhl zu Münster von jeher das Besetzungsrecht der Pfarrstelle zu Südkirchen hatte, so ist wahrscheinlich auch die Gründung von den Bischöfen zu Münster ausgegangen, und von diesen der Grund und Boden für Kirche und Pfarrhof hergeschenkt. Dieselben besaßen aber zwei Güter bei Südkirchen, die um 1370[2] als Lehen angegeben werden: Sch. Wieling, unmittelbar am Dorfe und Sch. Thüfink, ¹/₂ Kilometer davon entfernt. Von einem derselben dürfte der Boden für die Fundation gewonnen sein.

Die Vikarie zu Südkirchen wurde 1730 von dem Pastor daselbst, Baumeister, gestiftet, und das Patronat dem Hause Nordkirchen überwiesen. Die jetzige Kirche wurde um 1698 erbaut. Da das Wappen des Fürstbischofs Christian Friedrich von Plettenberg an verschiedenen Stellen des Baues vorkommt, so scheint dieser den Bau besonders gefördert zu haben. Vielleicht hat er ihn allein besorgt.

[1] S aus einem Pergament-Manuskript der Schloßbibliothek zu Nordkirchen (siehe oben Seite 22), 7,4 cm hoch.
[2] Erhard, Cod. 103*.
[3] Lehnsbücher der Bischöfe Florenz von Wevelinkhoven und Potho von Pothenstein.

da er jüngst durch den Ankauf von Nordkirchen Gerichtsherr und zum großen Theil Grundherr von Südkirchen geworden war.[1]

Das Rittergut Geistbeck, links am Wege nach Kappenberg, 1 Kilometer von Südkirchen entfernt. Ursprünglich Eigenthum der Abtei Werden, die die Herren von Meinhövel damit belehnt hatte; 1388 verkauft Lübeke Kulle das Gut an Hinrik von Wischel oder Wischelo. (Spangenhelm im Schilde und über demselben.)

1535 diente Johann von Wischel in dem Belagerungsheere vor Münster.[2]

Die Tochter Margarethe brachte das Gut durch Heirath mit Wilbrand von Raesfeld-Empte an diese Familie. 1611 kaufte von Münster zu Meinhövel das Lehen von Agnes von Raesfeld zurück. Als dann 1694 der Fürstbischof Christian Friedrich das Gut Meinhövel angekauft hatte, wurden die von Münster-Surenburg für ihre Ansprüche an Meinhövel mit Geistbeck abgefunden.[3]

Denkmäler-Verzeichniß der Gemeinde Südkirchen.

Dorf,
10 Kilometer südlich von Lüdinghausen.

Kirche[4], katholisch, spätgothisch, 17. Jahrhundert.

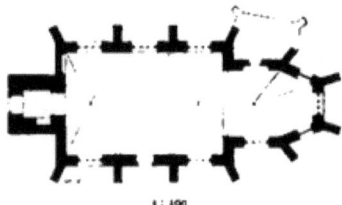

1 : 400

Einschiffig, dreijochig, mit theilweise romanischem Thurm. Chor mit verzerrtem ?/?. Schluß (drei Seiten des Fünfecks).

Sakristei auf der Nordseite desselben, unregelmäßig, zweigeschossig.

Kreuzgewölbe mit Rippen und Schlußsteinen zwischen Quergurten auf Consolen.

Fenster dreitheilig; drei Fenster des Chores vermauert, beziehungsweise durch die Orgel ausgefüllt.

Untere Fenster im Thurm schlitzartig. Auf der Nordseite ein Schalloch mit romanischem Theilsäulchen.

Renaissanceportal an der Südseite; Thurmeingang rundbogig.

1 Tibus, Weihbischöfe, Seite 3??.
2 Zeitschrift für Geschichte und Alterthumskunde XXIV. Seite 327.
3 Gräflich Esterhazy'sches Archiv zu Nordkirchen.
4 Schwieters, Südlicher Theil des Kreises Lüdinghausen, Seite 100 f.

Taufstein[1], romanisch. 89 cm hoch, 95 cm Durchmesser; rund, auf quadratischem Fuß von vier Löwen gestützt. Zwischen zweifachen, seilartigen Bändern ein Rankenfries mit Trauben und Blättern, darunter zwischen kleinen Theilsäulchen Köpfe und Rosetten. (Abbildung unten.)

Selbbritt, gothisch, von Stein, 0,95 m hoch. (Abbildung Tafel 94.)

Laterne, Renaissance, Messing, mit ausgeschlagenen Figuren und Rankenverzierungen, 54 cm hoch.

3 Glocken mit Inschriften:

    1. und 2. neu von 1891.

    3. S. Pancratius Martyr patronus ecclesiae Südkirchensis. Oves corde pio plaudite sancto deo. A H venite rei pax stat et avereo B. H.

              Alexius Petit met syn twe soone me fecerunt. Augustus. A° 1784.

                    Durchmesser 0,93 m.

Taufstein.

[1] Ähnlicher Taufstein: Nordhoff, Kreis Hamm. Seite 54.

Lichtdruck von Römmler & Jonas, Dresden.   Aufnahme von B. Labott, 19 1.

Kirche: Selbdritt.

Denne.

ie Gemeinde Denne, inmitten der Davertwälder, an dem „Kappenberger Damm" gelegen, der einst die Verbindung zwischen Kappenberg (über Südkirchen, Nordkirchen, Ottmarsbocholt, Denne, Amelsbüren) und Münster bildete, ist umgeben von Ottmarsbocholt und Senden des Kreises Lüdinghausen und Amelsbüren des Kreises Münster. Denne ist nur 3¹⁄₂ ☐ Kilometer groß und hat 174 Einwohner, die sämmtlich katholisch sind.

Quellen und Litteratur: Städtisches Archiv zu Münster. — A. Tibus, Gründungs-Geschichte, Seite 405 f. — Schwieters, Geschichtliche Nachrichten über den westlichen Theil des Kreises Lüdinghausen, Seite 22 f.

Denne war früher eine Bauerschaft der Gemeinde Amelsbüren. In derselben lag schon vor dem Jahre 1249 ein Hospital nebst Kapelle ad St. Johannem Bapt., dessen Gründung von dem Stadtrath zu Münster ausgegangen war und wohl hauptsächlich die Aufnahme von kontagiösen Kranken im Auge hatte. 1249 hebt der Archidiakon von Amelsbüren, Probst von St. Mauritz, mit Zustimmung des Pastors von Amelsbüren das Hospital aus dem Pfarrverbande von Amelsbüren aus und gibt dem Rektor an der Kapelle das Recht, die zugehörigen Leute zu taufen und zu beerdigen; im Jahre 1253 unterstellt der Archidiakon auch die Häuser zwischen Denne und dem Hause Kannen der Kapelle zu Denne; 1290 wird Denne ausdrücklich Pfarre genannt.[2]

Was den Fond des Hospitals, beziehungsweise der jetzigen Kirche und Pastorat betrifft, so schenken 1242 Witbold von Holte und Sohn Hermann dem Magdalenen-Hospital zu Münster die Höfe Westendorpe und Bentlaghe in Kirchspiel Amelsbüren. Ferner verkauft Graf Diedrich von Isenburg 1246 demselben Hospital drei Höfe in Westorpe, Kirchspiel Amelsbüren. Da nun das Magdalenen-Hospital ebenfalls dem Stadtrath zu Münster unterstand, so sind von demselben die genannten Höfe wahrscheinlich der Filiale zu Denne zugewendet worden. 1252 schenkt das Domkapitel

---

[1] D mit der Darstellung des Pfingstfestes. Aus einem Brevier (Pergament-Manuskript) der Schloßbibliothek zu Nordkirchen (siehe oben Seite 72).

[2] Wilmans Urkunden-Buch 505. 581. 502. 1420.

ein zum Hofe Süthoff gehöriges Torfmoor dem Hospital zu Denne. In demselben Jahre verkauft Heinrich von Rechede einen Hof an die Kapelle zu Denne.[1]

Die jetzige Kapelle zu Denne soll im Anfange des 16. Jahrhunderts die Familie von Schwarz auf Haus Kannen erbaut haben. Der letzte des Geschlechts, Godfried Hildebrandt von Schwarz, wurde 1725 in dem Erbbegräbniß der Kapelle beigesetzt.[2]

Ein neuer Chor wurde nebst Sakristei im Jahre 1887 erbaut.

Denkmäler-Verzeichniß der Gemeinde Denne.

Dorf.
(3 Kilometer nordöstlich von Lüdinghausen.)

Kirche[3], katholisch, gothisch, 16. Jahrhundert.

1 : 400

Einschiffig, Ziegelbau mit Eckquadern.

Dachreiter an der Westseite.

Anbau neu, flache Holzdecke.

Fenster spitzbogig, Maßwerk derselben entfernt, außer an der Westseite.

Sakramentshäuschen, spätgothisch, an der Nordseite des Schiffs, 0,714 m breit, 3,65 m hoch; Oeffnung 45/63 groß; mit Pelikan, Christus, Johannes Baptista und sonstigem Figurenschmuck. (Abbildungen: Ansicht und Detail nebenstehend.)

[1] Wilmans Urkunden-Buch 390, 445, 556, 551.
[2] Mittheilung des Herrn Kaplan Schröder zu Kannen.
[3] Schwieters, westlicher Theil des Kreises Lüdinghausen, Seite 27.

Walstedde.

Die Gemeinde Walstedde, am östlichen Rande des Kreises gelegen, ist umgeben von Drensteinfurt, Herbern und Hövel des Kreises Lüdinghausen, sowie Hoetmar und Ahlen des Kreises Beckum. Dieselbe ist 24 ☐ Kilometer groß und hat 1593 Einwohner: 1591 Katholiken und 2 Protestanten.

Die Gemeinde hat folgende Bauerschaften: 1. Walstedde, bestehend aus den Unterbezirken Dorfbauerschaft Walstedde, Altenwalstedde, Northolt. Walstedde, in der älteren Werdener Heberolle Welanstedi.

bedeutet Versammlungsplatz, Walstätte.[1] (Wellian im Heliand, Zeile 9406, in der Bedeutung von hegen[2]); „am Kerkhofe to Walstedde" lag früher ein Freistuhl der Volmesteiner Freigrafschaft. 2. Ameke (Almwik, Amyk, Amik) mit den Unterbezirken Kurrewik, Kurrik und Panewik, Panik. 3. Herrenstein (Hyrdink, Herdinkfterren, sterne, stedde) mit dem früheren Unterbezirk Osterwit.

Quellen und Litteratur:

Archiv von St. Mauriz, jetzt dem Staatsarchiv von Münster einverleibt. — A. Tibus, Gründungs-Geschichte, Seite 605 f. — J. Schwieters, Geschichtliche Nachrichten über den östlichen Theil des Kreises Lüdinghausen, Seite 93 f. — Derselbe, Bauernhöfe, Seite 186—214.

Walstedde wird zuerst urkundlich als Pfarre erwähnt im Jahre 1276.[4] Das Recht der Besetzung der Pfarrstelle hatten von altersher der Probst zu St. Mauriz und der Graf von der Mark abwechselnd.[5] Diese sind deshalb auch als die Begründer der Pfarre anzusehen. Da nun das Stift Mauriz sich erst im Anfange des 12. Jahrhunderts voll entwickelt hatte, so ist vor dieser Zeit auch die Pfarre Walstedde nicht enstanden.

[1] D mit Mariä Verkündigung. Aus einem Brevier (Pergament-Manuskript) der Schloßbibliothek zu Nortkirchen (siehe oben Seite 72)
[2] Tibus, Gründungs-Geschichte, Seite 279.
[3] Dr. J. R. Köne, Heliand.
[4] Wilmans Urkunden-Buch 445.
[5] Tibus, Gründungs-Geschichte, Seite 1310.

Daß die Grafen von der Mark Kompatrone waren, hat vielleicht seinen Grund darin, daß die Kirche auf einem Pertinenz des Freistuhles, der dort lag,[1] erbaut wurde, indem die Grafen Ober-lehnsherrn der Freigrafschaft Volmestein waren, zu der der genannte Stuhl gehörte.

Kirchenpatron zu Walstedde ist der heilige Lambertus.

Die Kirche liegt fast am östlichen Rande des Kirchspiels, ganz nahe der Ahlener Grenze. Von Ahlen ist wohl größtentheils der Pfarrbezirk Walstedde abgepfarrt.

Die Kirche, ursprünglich ein sehr kleiner Bau, wurde im Jahre 1740 vergrößert. 1781 wurde die alte Thurmspitze abgenommen und das Mauerwerk um 14 Fuß erhöht. 1883 wurde die Kirche abermals erweitert. Die Vikarie Stae. Crucis wurde 1697 von dem Pfarrer Kronbrup zu Vorhelm gegründet und dotirt und die Präsentation den Besitzern des Hauses Dren-steinfurt übergeben.[2]

Die Kapelle des heiligen Georg in der Bauerschaft Umefe ist vielleicht älter als die Pfarrkirche und wurde vor der Gründung der letzteren wahrscheinlich von Ahlen aus bedient. Noch jetzt wird in Umefe an dem zweiten Tage der vier Hochzeiten der Hauptgottesdienst gehalten; die Kapelle wurde um 1800 neugebaut.

Adlige Häuser sind in der Gemeinde nicht vorhanden. Ritterbürtige Geschlechter kommen vor: Im 13. und 14. Jahrhundert die Familie von Walstedde, Vasallen des Stifts Mauriz zu Münster; sie hatte ihren Wohnsitz wahrscheinlich auf der Curia Walstedde-Suthoff, dem jetzigen Schulzenhofe Walstedde; im 14. Jahrhundert die Familie von Umefe, vielleicht auf dem jetzigen Hofe Schlüter in Umefe seßhaft.[3]

✠

Denkmäler-Verzeichniß der Gemeinde Walstedde.

I. Dorf,

24 Kilometer östlich von Lüdinghausen.

Kirche[1], katholisch, Renaissance, 15. Jahrhundert. Erweiterung neu.

1 : 400

Einschiffig, mit Holzdecke.

Thurm romanisch, im Untergeschoß Kuppelgewölbe.

[1] „In cœmeterio Walstedde": Wilmans Urkunden-Buch 1222.
[2] Rechte der Vikarie zu Walstedde.
[3] Vergleiche Schwieters, Bauernhöfe, Seite 149 und 201. — Kindlinger, Münsterische Beiträge III Nr. 166.
[4] Schwieters, östlicher Theil des Kreises Lüdinghausen, Seite 93 f.

Walstedde.

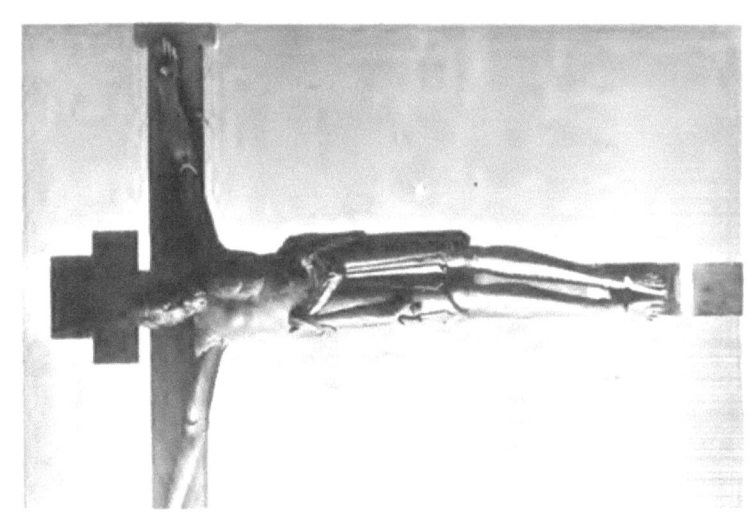

Neue Chorgewölbe.

Madonna.

Kirche:

Triumphkreuz.

Lichtdruck von B. Schrell, Düsseldorf.

Kämpfer-Basilika aus Westfalen.

Taufstein, romanisch, achteckig, mit rundem Gesims. 0,₇₁ m hoch. 0,₁₁ m Durchmesser.

Madonna, gotisch, von Stein. 0,₆₅ m hoch, verstümmelt. (Abbildung Tafel 99.)

Triumphkreuz, romanisch, Christus 2,₀ m hoch. (Abbildung Tafel 99.)

z. Zt. im bischöflichen Museum zu Münster.

Zweiseitige Gießkanne, von Bronze, 11 cm hoch.

3 Glocken mit Inschriften:

Taufstein.

1. Valde honorandus est sanctus Joannes evangelista qui supra pectus Christi in coena recubuit. hic est discipulus ille quem diligebat Jesus (1647). mit Relief. 0,₇₁ m Durchmesser.

2. Maria vocor . . . .

anno dm m° d (1500) die . . . .

gratie mater . . . . tu nos ab hoste protege. Durchmesser 1,₄₃ m.

3. von Petit und Edelbrock, Gescher 1884.

2. Bauerschaft Ameke,

22 Kilometer östlich von Lüdinghausen.

Kapelle[1], 18. Jahrhundert, einschiffig, mit Holzdecke.

ohne Werth.

St. Georg, spätgotisch, von Holz, 91 cm hoch,

restaurirt und ergänzt.

[1] Schwieters, Bauernhöfe, Seite 190.

Werne.

atthäus Merian[1] nennt Werne „ein Städtlein, zum Stift Münster
sampt seinem Amt gehörig, bei dem Lippstrom, zwo Meilen von
Lünen und eine Tagreyß zu Fuß von der Stadt Münster gelegen.
Dahin man kompt, so man von Köln nach Münster verreißt."

Das ist im Allgemeinen richtig, nur liegt Werne eigentlich
am Hornbach, der (1/2 Kilometer weiter südöstlich in die Lippe
mündet, und von Lünen ist dasselbe doch kaum mehr wie eine
Meile entfernt. Ein Hauptverkehrsweg zwischen Münster und Köln
ging wirklich über Herbern, Werne, Lünen und Dortmund. Ein
alter, jetzt außer Gebrauch gesetzter Weg zwischen Herbern und
Werne heißt noch jetzt Kölnische Straße. Werne ist umgeben von Altlünen, Kappenberg, Bork, Südkirchen, Nordkirchen, Herbern und Bockum des Kreises Lüdinghausen, und grenzt im Süden an die
Lippe, wo jenseits die Gemeinde Rünte des Kreises Hamm liegt.

Die Gemeinde Werne ist 88 □Kilometer groß und umfaßt das Stadtgebiet, bestehend aus
den alten Bauerschaften Werne und Mottenheim, ferner die Landgemeinde Werne mit den Bauerschaften Evenkamp, Holthausen, Schmintrup, Eringhausen, Varnhövel, Lenkler und Langern, dann
den alten Gerichtsbeifang des Hauses Stockum, die jetzige politische Gemeinde Stockum, mit den Bauerschaften Stockum, Horst, Wessel, und endlich den Beifang Kapelle, ehemals Gerichtsbeifang des Hauses
Nordkirchen, jetzt politische Gemeinde. Die Stadt steht unter einem Bürgermeister, die drei Land-
gemeinden unter einem gemeinsamen Amtmann.

Die ganze Gemeinde Werne hat 6090 Einwohner, darunter 5984 Katholiken, 50 Protestanten,
56 Juden.

Quellen und Litteratur:

Das Archiv der Stadt Werne, im Jahre 1817 von Krabbe aus Münster geordnet und mit Repertorium
versehen. — Das Fürstlich Münsterische Landesarchiv (Staatsarchiv) zu Münster, Registerband 6. — Archiv der Dechanei
zu Werne, die Pergament-Urkunden 1866 registriert von Kaplan Schwieters. — Gräflich Kielmannsegg'sches Archiv
zu Kappenberg, die ältesten Urkunden desselben zur Zeit im Staats-Archiv zu Münster. — Gräflich Esterhazy'sches Archiv zu
Haus Nordkirchen, betreffend den Beifang Kapelle. — J. Tibus, Gründungs-Geschichte, Seite 634 f. — B. Spithöver,

¹ Ist aus einem Pergament-Codex der Schloßbibliothek zu Nordkirchen siehe oben Seite 72), 4 cm hoch.
² Topographia Westphaliä, Westphäl. Craiß, Seite 94.

Vikar. Die Stadt Werne, Werne 1860 — J. Schwieters, Geschichtliche Nachrichten über den östlichen Theil des Kreises Lüdinghausen, Seite 83 f., 127 f., 244 f. — Derselbe, Die Bauernhöfe des östlichen Theils des Kreises Lüdinghausen, Seite 1—49.

In der Bauerschaft Werina, Uuirinon, Wernon, Wernen hatte der bischöfliche Stuhl zu Münster ein Besitzthum, einen Hof, der in dem späteren Verlauf der Geschichte Amtshof genannt wurde. Schon im Jahre 834 tauschte B. Gerfrid, der nächste Nachfolger des heiligen Ludgerus, gegen Besitzstücke in der Bauerschaft Werina eine Hove an der Ruhr ein. 980 fand eine Zusammenkunft statt zu Wernon zwischen dem Bischof Duodo von Münster und dem Abt Ludolf von Werden, wo die beiden sich wegen gewisser Zehnten verglichen. Bischof Werner (1132—1151) hatte aus dem Hofe Werne (und aus den anderen bischöflichen Amtshöfen) eine Stiftung gemacht zu Memorien für verstorbene Bischöfe. Nachdem der Bischof Ludwig um 1173 die Amtshöfe wieder in eigene Verwaltung genommen hatte, bestimmte im Jahre 1217 Bischof Otto, mit Bezug auf diese Stiftung, daß von den einzelnen Höfen 20 Weizenbrode, 1 Schwein, ½ Urne Honig nebst dem Wachs, 12 Scheffel Malz, 1 Kerze von 1 Pfund, 30 Gerstenbrode, 15 Käse in Zukunft an das Domkapitel geliefert werden sollten. 1201 schenkt Bischof Hermann II. aus dem Hofe Werne eine Präbende von 10 Malter Gerste an das Kloster St. Aegidii zu Münster.[1]

Im 14. Jahrhundert war der Hof wieder als Schulzenlehen an die Ritter von Wedelinghoven, von Werne und von Horneburg, vergeben; später wurde das Lehen wiederum eingezogen und beim Ausgange des 18. Jahrhunderts betrugen die Einkünfte von den „Amtsländereien" bei der Stadt Werne 148 Scheffel Gerste, 170 Scheffel Hafer, außerdem aus 149 Häusern der Stadt je ein Huhn und 5 Eier als Ausfluß der Weideherrlichkeit, die mit dem Hofe verbunden war.[2]

Auf dem genannten bischöflichen Hofe wurde nun unzweifelhaft die erste Kirche als Mittelpunkt der Pfarre Werne gegründet. Von diesem Hofe wurde auch das Wedemgut, der Pfarrhof, genommen und auf Pertinenzen desselben siedelte sich im Laufe der Zeit der Ort, die Stadt Werne, an. Daß schon der heilige Ludgerus die Pfarre gründete, ist nicht zu bezweifeln. Urkundlich wird dieselbe zuerst genannt unter Bischof Siegfrid (1022—1032). Sie war im Anfange vielleicht doppelt so groß wie jetzt, da alle herumliegenden Pfarren: Cappen, Bork, Selm, Südkirchen, Nordkirchen und Herbern ganz oder zum Theil Filialen derselben sind.[3]

Als Patron wird jetzt der heilige Christophorus verehrt.

Die Pfarre Werne wurde im Jahre 1139, damals schon Dekonie genannt, von dem Bischof Werner dem neugestifteten Kloster Cappenberg inkorporirt und zugleich der Archidiakonalbann über Werne demselben verliehen. Seitdem war immer bis zur Aufhebung des Klosters im Jahre 1803 ein Cappenberger Konventuale Dechant und der jedesmalige Probst Archidiakon zu Werne.

Das erste von dem heiligen Ludgerus (802—809 Bischof zu Münster) zu Werne errichtete Gotteshaus kann nur eine von Holz erbaute Kapelle gewesen sein. Selbst im Jahre 1134 wird die Kirche zu Werne noch Capella genannt. Damals konsekrirte Bischof Friedrich II. die Kapelle von neuem („capellam, quia res exigebat, denuo consecravimus") sei es nun, daß eine Exekration stattgefunden hatte, oder, was wahrscheinlicher ist, daß die ältere Kapelle erweitert, oder eine vollständig neue, größere erbaut war.[4]

---

[1] Erhard, Regesten Nr. 332, 449; Wilmans Urkunden Buch Nr. 107 und 11.

[2] Lebensbücher der Bischöfe Florenz und Hoya, Amtsrenteirechnung vom Jahre 1790.

[3] A. Tibus, Gründungs-Geschichte, Seite 431, 436. — Erhard, Cod. dipl. Nr. 105.

[4] Erhard, Cod. 231, 295, 311; Wilmans Urkundenbuch Nr. 195.

Die jetzige Kirche zu Werne beziehungsweise der ältere (westliche) Theil derselben, wurde im 13. Jahrhundert erbaut; sie wurde, nachdem 21 Jahre daran gebaut war, im Jahre 1260 von Bischof Wilhelm von Holte eingeweiht.[1]

1400 litt die Kirche durch Brand. Später im Jahre 1446 stürzte der Thurm ein. 1555 wurde die Spitze wieder aufgebaut.[2]

Der neuere östliche Theil der Kirche scheint um 1500 entstanden zu sein. Nach einem Schriftstück im Staatsarchiv zu Münster,[3] welches nicht datirt ist, aber nach den vorkommenden Personen um 1480 verfaßt sein muß, wurde damals mit einem Dortmunder Meister Keyser verhandelt, daß er „eynen torn und de kerke to Werne mören" solle. 1507 wurde von dem Kirchrath noch Geld aufgenommen „zum Kirchenbau".[4] 1801 wurde die Thurmspitze wiederum neugebaut.[5]

An der Pfarrkirche wurden folgende Vikarien gegründet: V. Sti. Antonii existirt schon 1375, V. Sti. Johannis 1400 erwähnt, V. Sti. Christophori 1440 erwähnt, V. Stae Catharinae 1423 gestiftet, V. Stae Mariae Magdalenae am heiligen Geist Spital 1407 gestiftet, V. Sti. Jacobi 1468 gestiftet, 1615 den Jesuiten übertragen, V. beatae Mariae Virginis 1475 gestiftet, V. Stae. Annae 1490 gestiftet, V. Sti. Georgii am Siechenhause an der Reitbecke 1497 gegründet, V. Sti. Stephani 1508 und die V. Stae. Trinitatis 1550 gegründet.[6]

1855 kaufte Dechant Oberhage den sogenannten Domhof in Werne an, ein in früheren Jahren freies, privilegirtes Besithum des Klosters Cappenberg, und errichtete auf demselben ein städtisches Krankenhaus unter dem Namen Christophorus-Hospital. 1659 (1. Juli) ertheilte von Hoesfeld aus der Fürstbischof Christoph Bernard auf Bitten der Stadt Werne und des Kapuzinerordens die Erlaubniß, zu Werne ein Kapuzinerkloster zu errichten. Als Platz zum Bauen wurde der sogenannte Schützenwall von der Stadt hergegeben, ein Platz im Süden der Stadt, außerhalb, unmittelbar an der Mauer, die für den Eingang von der Stadt her durchbrochen wurde.

Ueber die Bauzeit der Klosterkirche geben Aufschluß 1. eine Inschrift an der Kirchenmauer: C. B. Ep. Mon. 1677, 10. Aug. prim. lapis solemniter positus est. 2. eine Inschrift über der Hauptkirchenthüre: Deo uni trino et S. S. Petro et Paulo patronis. — Me benefaCtores et fratres ope et LaboranDo. eXstrUXerUnt; in der letzten Zeile ist die Jahreszahl 1680 angedeutet.

Der Capellet Beifang, ein alter Patrimonialgerichtsbezirk des Hauses Nordkirchen. Um 1025 beabsichtigte hier (in Ihlari) der Bischof Siegfried an der von der Edlen Reinmod gegründeten Kapelle ein Pfarre zu errichten, doch wurde der Plan nicht verwirklicht. Im 15. Jahrhundert wird die Kapelle erwähnt. 1571 Kapelle zu Ittern genannt. 1675 stiftet Heinrich von Ascheberg-Ihterloh eine Vikarie an derselben. 1698 wurde die jetzige Kirche erbaut und 1701 (24. Juli) geweiht.

Die Kapelle zu Stockum. 1557 von L. von Hövel als Burgkapelle errichtet. 1544 von Weihbischof Wennemar geweiht. 1571 verwüstet und ausgeraubt. Um 1650 die jetzige Kapelle von der Familie von Bömer erbaut.[7]

1 Kumann, Manuskripte.
2 Angaben des Bürgerbuches im städtischen Archiv zu Werne.
3 Dem Gräflich Küllmannsegge'schen Archiv zu Kappenberg gehörig.
4 Archiv der Dechanei zu Werne.
5 Spithöver, Die Stadt Werne, Seite 83.
6 Spithöver, Die Stadt Werne; Archiv der Dechanei.
7 Erhard, Cod 105*; Wilmans Urkunden-Buch 1185; Bischöfliche Visitations-Protokolle; Archiv der Vikarie; Tibus, Weihbischöfe, Seite 204.
8 Kindlinger, Manuskripte 11. Seite 2; Visitations Protokolle; Mittheilung des Herrn Vikar Müer.

Die Kapelle zu Horst, ehemals in der Mitte des dortigen Häuserkreises. 1375 erwarben die Herrn von Hövel-Stockum den Grund zu der Kapelle und dem Kirchhofe. 1571 war auch diese Kapelle verwüstet.[1]

Regesten aus der Geschichte der Stadt Werne:

1302 Otto Bischof von Münster befestigt Werne mit Mauern (?) und Gräben gegen die Einfälle des Grafen von der Mark. 1323—1361 Werne steht in märkischer Pfandschaft für einen Theil des Lösegeldes, welches Bischof Ludwig bei seiner Entlassung aus der Gefangenschaft dem Grafen von der Mark zahlen mußte. 1338 finden wir zu Werne vier consules und einen primus consul, 1341 einen Rath und Bürgermeister. 1362 Bischof Adolf erweitert den Simon-Judä-Jahrmarkt um vier Tage. 1364 Privileg des Bischof Florenz, daß kein Bürger zu Werne außer wegen schwerer Vergehen (von dem bischöflichen Gografen) arretirt werden solle. 1385 wird Werne mit Gräben und Bretterzaun umgeben; in diesem Jahre wird dasselbe noch Dorf genannt. 1385 Dienstag nach Allerheiligen gibt Bischof Heidenreich Werne Wikboldsrecht nach Art der anderen Wikbolde des Stifts. (Das älteste Stadt Wernische Siegel zeigt den Schild des Bisthums Münster, über dem Balken St. Christophorus mit dem Kinde, Umschrift Sigillum oppedi Wernensis.) 1394 Bischof Otto versetzt der Stadt Werne für 30 Mark die fürstliche Gruit.[2] 1400 Werne wird von den Grafen von der Mark auf Mariä Himmelfahrt eingenommen und abgebrannt. 1402 beginnt man mit der Ummauerung der Stadt, die fast 70 Jahre dauerte. 1432 brennt Heinrich von Holte durch Beschießung einen Theil der Stadt ab. 1446 unterzeichnet Werne mit den anderen landtagsfähigen Städten die Landesvereinigung. 1450 im Beginn der Stiftsfehde besetzt der Erzbischof von Köln, Diedrich von Mörs, Bruder Walrams, des Erwählten für Münster, die Stadt Werne für letzteren. 1452 verpfändet Bischof Walram das Amt Werne an den Grafen von der Mark für 2000 Goldgulden. 1456 letzterer entbindet das Amt des Eides der Treue, nachdem er den Pfandschilling von Walram zurückempfangen. 1457 ein großer Theil von Werne wird ein Raub der Flammen. 1466 Bischof Heinrich hält seinen Einzug in Werne. 1475 die Stadt stellt dem Genannten bei der Belagerung von Neuß Schützen und Wagen. 1481 Werne unterstützt den Bischof gegen den Grafen von Oldenburg. 1495 ebenso gegen den Grafen von Ostfriesland. 1498 Bischof Konrad hält seinen Einzug in Werne am Mittwoch vor Martini.[3] Um 1500 macht Godert von der Reck, Amtmann zu Werne, mit 5000 Mann einen Zug nach Altlünen, um die Umwallung des Stadtbezirks durch die Markaner zu verhindern, muß aber unverrichteter Sache wieder abziehen. 1508 Bischof Erich hält seinen Einzug in Werne. 1513 die Stadt sendet dem Bischof zehn Knechte zu Hilfe nach Wildeshausen. 1512 beginnt der Bau des Rathhauses, welches erst 1561 vollendet wurde. 1522 Bischof Friedrich von Wied hält seinen Einzug in Werne. 1532 resigniert derselbe in der Sakristei zu Werne. 1541 Testament des Timan Hamener, Werne'schen Bürgers. Er stiftet zu Werne eine Memorie. 1542 Johann Deipenbrock aus

[1] Kindlinger, Geschichte der von Volmestein II. Seite 391. Visitations-Protokolle.

[2] Stangefol, Annal. circ. Westph. III Seite 502; Geschichts-Quellen des Bisthums Münster I Seite 54; Erhard, Geschichte Münsters, Seite 151; Kreisel, Münsterische Beiträge VII. Seite 51; Archiv der Dechanei zu Werne und p Hans Westerwinkel; Nießert, Manuskripte, III Band, im Archiv des Vereins für Geschichte und Alterthumskunde zu Münster; Archiv der Stadt Werne, Bürgerbuch (B. W.) daselbst; Tombält, Die Westfälischen Siegel, Tafel 60 und 93.

[3] B. W. zu den Jahren 1400, 1402, 1432, 1450, 1452, 1466, 1475, 1481, 1495, 1498; Geschichts-Quellen des Bisthums Münster I Seite 91, 94; Kindlinger, Münsterische Beiträge I Seite 122 und 217 und 279 Anmerkung 5; Schwieters, Geschichtliche Nachrichten über den östlichen Theil des Kreises Lüdinghausen, Seite 220 f.; Erhard, Geschichte Münsters, Seite 227; Spithöver, Die Stadt Werne, Seite 10

Kirchspiel Werne, Rädelsführer der Ardinkhöver Bauern, die sich gegen ihren Gutsherrn empörten, wird zu Werne verbrannt. 1584 wird eine Bürgermiliz errichtet zum Schutz der Stadt gegen Gebhard Truchseß von Waldburg. 1586 werden neue Bürgerstatuten erlassen. In demselben Jahre brennen 43 Häuser ab. 1589 herrscht zu Werne die Pest. 1590 (22. November) plündern die Holländer zu Werne. 1598 gegen Ende des Jahres wird Werne von den Spaniern eingenommen.[1] 1600 gegen Ende des Jahres werden von den herumstreifenden, raubenden Soldaten „wilden Goesen") sieben zu Hamm gefangen genommen und fünf derselben zu Werne hingerichtet. 1602 erhält die Stadt die Erlaubniß, Kupfermünzen und Schillinge zu prägen im Betrage von 200 Thaler, ebenso 1610 für 500 Thaler. 1622 (6. Mai) eine Abtheilung des Christian von Braunschweig'schen Heeres greift die Stadt Werne an, wird aber durch die Tapferkeit der Bürger zurückgeschlagen. 1625 Werne nimmt gutwillig eine kaiserliche Besatzung auf, während die anderen Städte sich dazu mit Gewalt zwingen lassen. 1634 zieht sich dieselbe unter dem Kapitän Schenking vor den andringenden Hessen zurück und wird bei Amelsbüren geschlagen. Darauf wird Werne von den Hessen besetzt. 1636 und 1637 herrscht zu Werne die Pest. 1640 wird Werne wiederum von den Kaiserlichen eingenommen und mit fünf Kompagnien belegt. 1674 Werne wird von kaiserlichen Truppen unter Trautmannsdorf geplündert.[2]

Das Rittergut Stockum. Ludwig der Fromme schenkte im Jahre 854 ein großes Besitzthum in Stockheim, Stockum, an die Abtissin zu Herford als Tafelgut. Dasselbe umfaßte den Haupthof an der Lippe nebst 30 Unterhöfen und 60 leibeigenen Familien. Neben dem Haupt- oder Amthofe finden wir in spätern Jahrhunderten zwei Burgen. Die eine Burg, das sogenannte Hugengoth, auf einer Lippeinsel gelegen, gehört dem Kreise Hamm an.[3] Der Amthof und die zweite Burg lagen nördlich an der Lippe auf Münsterischem Boden. Mit dem Amthofe war die hohe und niedere Gerichtsbarkeit über die Bauerschaften Stockum, Horst und Wessel verbunden. Die Abtissin zu Herford setzte „Schulzen" auf den Amthof und gab denselben die Güter zu Lehen. Aber schon im 14. Jahrhundert wurde ein großer Theil der Lehen als freies Eigenthum betrachtet und auf diesem Allodialgrunde wurde dann neben dem Herforder Amthofe eine eigene Burg erbaut. Die ältesten Schulzen waren die Herren Ritter von Stockum. Diesen folgten um 1500 die Ritter von Hövel, die in dem Dorfe Hövel ihren Stammsitz hatten. Als dieselben durch lange Fehde mit den von Hassenkamp verarmten, übertrugen sie ihre Stockumer Güter dem Verwandten Bitter von Hövel zu Beckendorf.

Bitter von Hövel gab um das Jahr 1630 Stockum nebst Beckendorf dem Arnold von Böhmer in Erbpacht, der dann auch von Herford damit belehnt wurde. Die Familie starb 1720 mit Sophia von Böhmer aus. Die Allodial- und Lehensgüter kamen nun zunächst durch Erbschaft in verschiedene Hände, waren aber seit dem Jahre 1816 wieder vereinigt in dem Besitz des Grafen Westerholt-Gysenberg. Burg und Amtshof sind im Anfange dieses Jahrhunderts verschwunden.[4]

[1] B. B. zu den Jahren 1584, 1589, 1598: Kamaan, Manuskripte; Geschichts-Quellen des Bisthums Münster I. Seite 320, Anmerkung 1. III Seite 113, 114, 131; Spithöver, Die Stadt Werne, 16, 22, 24; Dekanei-Archiv zu Werne; Kumann, Manuskripte; von Steinen IV. Seite 1184; Erhard, Geschichte Münsters, Seite 422; Cros, Westphalia 1825, I. Quartal Seite 22.

[2] Geschichts-Quellen des Bisthums Münster III. Seite 135; Spithöver, Die Stadt Werne, Seite 41, 44, 60 f.; Weskamp, Münsterische Beiträge 4. Heft Seite 140 f.; Derselbe, das Heer der Liga, Seite 40, 109; Erhard, Geschichte Münsters, Seite 104; B. B. zum Jahre 1636; Merian, Topographia Westphaliä, Seite 94.

[3] Vergleiche Nordhoff, Dr. J. B., Die Kunst- und Geschichtsdenkmäler des Kreises Hamm, Seite 42 f. und Schwieters, Geschichtliche Nachrichten über den östlichen Theil des Kreises Lüdinghausen, Seite 162.

[4] Erhard, Register 121; Fahne, Geschichte der Herren von Hövel; Kumann, Manuskripte; Mittheilung des Herrn Amtsgerichtsrath Graf Schmising zu Werne.

Das Rittergut Beckendorf in der Bauerschaft Horst. Es soll um das Jahr 1500 von Gert von Hövel-Stockum erbaut sein. Bitter von Hövel war der letzte seines Stammes zu Beckendorf. Es folgten als Besitzer die von Böhmer, von Ligneville, von Gourcy und endlich um 1810 von Schlebrügge. Von dieser Familie kam das Gut um 1855 durch Kauf an Karl Graf von Merveldt, dessen Familie zu Westerwinkel es noch besitzt. Die Burg wurde nach dem letzten Besitzwechsel abgebrochen.[1]

Das Haus Werne in der Stadt Werne, auch Steinhaus oder Steinhof genannt, 1704 (in Besitz der Herrn von Merveldt zu Westerwinkel) unter den landtagsfähigen Gütern des Amts Werne aufgezählt. 1484 verkauft Johann von Lembeck mit vielen anderen Gütern in Kirchspiel Werne auch „Haus und Hof zu Werne" an Roger von Diepenbrock, der 1522 auch Westerwinkel erwarb und so Haus Werne mit letzterem vereinigte.[2]

Das Haus Werne dürfte ursprünglich neben dem bischöflichen Haupthofe zu Werne als feste Burg der Villici oder Schulzen entstanden sein. Da nun im 12. und 13. Jahrhundert die Ritter von Werne den bischöflichen Hof als Schulzen unter hatten, so sind diese wahrscheinlich auch Inhaber des Steinhauses gewesen, bis es an andere und an die von Lembeck kam.

Die von Werne, etwa vom Jahre 1100 an in Urkunden vorkommend, führen als Wappen einen schwarzen Eberkopf in goldenem Schilde. Sie trugen im 13. Jahrhundert auch die Rilesmole auf der Lippe von dem Bischofe und die Grevinkhove bei Werne von dem Grafen von Rietberg zu Lehen. Hugo von Werne war 1232—1257 Probst zu Cappenberg. Im 14. Jahrhundert ist ein Zweig mit Künte südlich der Lippe, ein anderer mit Höltink im Kirchspiel Werne belehnt. Ein dritter Zweig saß seit 1360 zu Raffenberg bei Kamen, der um 1700 erlosch.[3]

Die Burg zu Werne, im Jahre 1400 von Bischof Otto erbaut oder wieder aufgebaut, soll ebenfalls als Burgmannsitz den von Werne gehört haben, bis sie im Jahre 1446 dieselbe an von Morrien zu Nordkirchen verkauften. 1586 brannte mit einem Theile der Stadt auch die Burg ab. Der „Borchplan" wurde in diesem Jahrhundert verkauft und mit Häusern bebaut.

Noch sei die Familie **von Lon** erwähnt, die urkundlich von etwa 1300 bis um 1450 zu Werne ansäßig war und im 14. Jahrhundert den Werdener Abdinkhof zu Werne zu Lehen trug. Das Geschlecht führte einen geschachten Querbalken im Schilde als Wappen.[5]

Das Geschlecht von Horneburg, welches die Horneburg an der Horn bei Werne, ein bischöflich Münsterisches Lehen, bewohnte, und um 1570 den bischöflichen Amthof zur Pacht hatte, führte drei Rosenblätter im Schilde. Es starb um 1470 mit Kord von Horneburg aus.[6]

Das Geschlecht von Waterhus, Bauerschaft Lenkler, wovon Glieder im 14. Jahrhundert vorkommen, führt einen Querbalken im Schilde und darüber einen kleinen Ring.[7]

---

[1] Archiv Westerwinkel.

[2] Ebendort.

[3] Erhard, Regesten, Index dazu von Wilmans: Werne; Wilmans, Urkunden-Buch, Personen-Register dazu von C. A. Veiden: Werne; Spithöver, Die Stadt Werne Seite 70; Schwieters, Geschichtliche Nachrichten über den östlichen Theil des Kreises Lüdinghausen, Seite 100; Viele Glieder des Geschlechts von Werne finden sich in Urkunden der Archive zu Werne, Cappenberg, Westerwinkel, Nordkirchen.

[4] Spithöver, am angeführten Orte, Seite 27.

[5] Gräflich von Merveldt'sches Archiv zu Westerwinkel.

[6] Schwieters, Bauernhöfe, Seite 55.

[7] Fahne, Westfälische Geschlechter. Archiv Westerwinkel.

Denkmäler-Verzeichniß der Gemeinde Werne.

1. Stadt,[1]

16 Kilometer südöstlich von Lüdinghausen.

a) **Pfarrkirche**[2], katholisch gothisch 13. und 15. Jahrhundert.

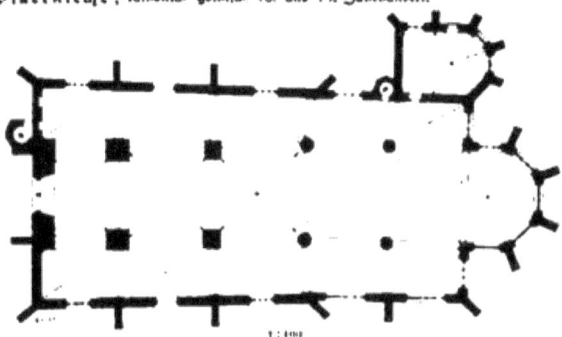

1 : 100

Dreischiffige, vierjochige Hallenkirche mit ⅗ Chor.

Einjochige Sakristei als Kapellenanbau auf der Nordseite mit ⅗ Schluß und Treppen-thürmchen ebendaselbst.

Westthurm mit Treppenthürmchen, durch Seitenhallen mit den Schiffen verbunden.

Pfeiler des Thurmes und des älteren westlichen Theiles viereckig; im späteren Theile Säulen.

Im Mittelschiff des älteren Theiles Sterngewölbe, sonst Kreuzgewölbe mit Rippen und Schlußsteinen auf Consolen im späteren Theile auf bis zur Fensterbank reichenden Wandsäulen. Längs- und Quergurte rechteckig abgefast.

Strebepfeiler ohne Schmuck; an der Westseite mit Giebelabdeckungen; die am östlichen Ende des älteren Theiles bisher diagonal stehend, 1891 gerade gerichtet!

Fenster dreitheilig, die der Westseite und der Südseite des späteren Theiles viertheilig, mit Fischblasenmaßwerk.

Portale an der Süd- und Westseite mit verziertem Sturz. Das letztere zweitheilig. (Abbildungen Tafel 101.)

Am Ostgiebel rundes Relief mit dem Haupte Christi.

Ueber dem Portalfenster der Südseite Wappen.

[1] Abbildung bei Merian, Top. Westph. Seite 44.
[2] Schwieters, östlicher Theil des Kreises Lüdinghausen, Seite 83 f.

Relief mit zwei Kreuzen an der Nordseite, je 53 cm hoch, 26 cm breit. (Abbildung Tafel 101.)

Jahreszahl 1717 auf der nördlichen Eingangsthür zur Sakristei.

Taufstein, gothisch, 1,07 m hoch, 1,00 m Durchmesser. Achtseitig, Fuß mit Maßwerktheilung und Figuren auf Consolen. Im oberen Theile Reliefs mit Darstellungen aus der Leidensgeschichte und dem Sündenfall. (Abbildungen Tafel 101 und 103.)

Nische, gothisch, auf der Ostwand des südlichen Seitenschiffes, mit Maßwerk, 1,02/0,00 m i. L. groß. (Abbildung Tafel 101.)

Sakristeithür, gothisch, mit 18 quadratischen Füllungen in kreisförmig verzierten Rahmhölzern, 87 cm breit. (Abbildung nebenstehend.)

Doppelmadonna [1], gothisch, 1,18 m hoch, erneuert. (Abbildung Tafel 102.)

Reliquiengefäß [2], gothisch, Zinn, sechseckig mit Deckel, auf drei Füßen, mit Darstellungen und Namen der 12 Monate, im Innern Mariä Verkündigung, auf dem Deckel Anbetung der heiligen Dreikönige mit Namen und Mariä Verkündigung mit ave maria gratia plena. 7 cm hoch, 8 cm Durchmesser. (Abbildung Taf. 102.)

Kaselkreuz, gothisch, gewebt, mit figürlichem, architektonischem und Pflanzenschmuck, 1,43 m hoch, 55 cm breit. (Abbildung nebenstehend.)

5 Glocken mit Inschriften:

    1. Per te nata fui, per te sum Verna renata.
    Hasce tibi laudes, Verna renata cano
       Christian Wilh. Voigt parens et Rotgerus
       Voigt filius me fecerunt 1763.

                 Durchmesser 0,93 m.

    2. und 3. von Petit und Edelbrok 1854.

    4. . . . . M. CCCCXXIII (?)

       Johannes Catrina . . . . (1423)

       Madonna. 0,44 m hoch.   Durchmesser 1,04 m.

    5. ihesus maria johans MDVIII (1508)

                 Durchmesser 0,33 m.

Heiligenhäuschen, gothisch, auf der Ostseite des Chors. Oeffnung 59/94 cm i. L. groß. (Abbildung Taf. 101.)

---

[1] Katalog der Ausstellung des Alterthums Vereins 1879 Nr. 1292.
[2] Dortselbst. Nr. 450.

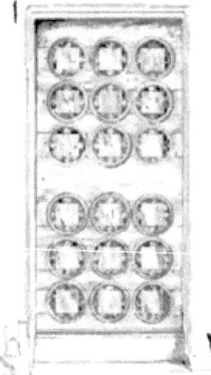

Sakristeithür.

Kaselkreuz.

b) **Kapuziner-Klosterkirche**[1], Renaissance. 17. Jahrhundert.

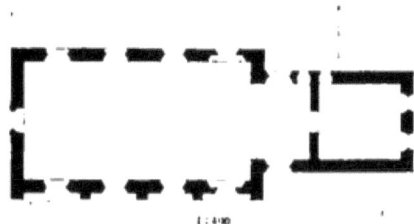

1 : 400

Einschiffig mit Chor und anstoßendem Betsaal, auf der Nordseite an das Kloster-
gebäude anschließend.

Runde Holzdecke im Schiff, im Chor Kreuzgewölbe.

Portal mit Inschrift und Jahreszahl (siehe geschichtliche Einleitung).

Kelch[2], gothisch, Silber vergoldet, mit reichen architektonischen Gliederungen, Fuß Achtpaß mit ein-
gravirten Heiligenfiguren und Kreuzigungsgruppe in Relief. 21,5 cm hoch, 12 cm Durchmesser
(Abbildung Tafel 103.)

c) **Gebäude.**

Rathhaus, Renaissance, einfacher Giebel, auf dreijochiger Bogenhalle, 11,50 m lang, deren Säulen 0,40 m
Durchmesser; 0,43 (Sockel) + 1,44 (Schaft) 0,43 (Kapitell = 2,44 m hoch. (Abbildung Tafel 104.)

Haus am Markt, Renaissance. Fachwerk. Eingang zurückliegend. Giebel vorspringend. (Abbildung Taf. 104.)

Haus an der Ostseite der Kirche, Renaissance, die Consolen der vortretenden Obergeschosse theilweise
als Köpfe geschnitzt. (Abbildung Tafel 100.)

---

2. Seppang Capelle,

11 Kilometer südöstlich von Lüdinghausen.

Kirche[3], katholisch, gothisch und Renaissance.

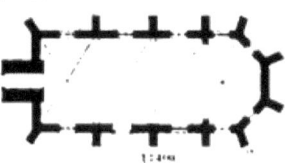

1 : 400

Einschiffig dreijochig, mit ⅝ Chor. Westthurm und neuerer Sakristei an der Nordseite des Chors.

[1] Schwieters, östlicher Theil des Kreises Lüdinghausen, Seite 8: f.
[2] Katalog der Kunstausstellung des Alterthum Vereins, 1879 Nr. 324.
[3] Schwieters, östlicher Theil des Kreises Lüdinghausen, Seite 94.

Kreuzgewölbe zwischen Quergurten auf Consolen.

Eingänge auf der West- und Südseite, letzterer mit bischöfl. Wappen und Jahreszahl 1698.

Fenster rundbogig ohne Maßwerk, das östliche vermauert.

Monstranz, Renaissance, Silber vergoldet, 0,48 m hoch. (Abbildung Tafel 103.)

Hungertuch, von 1659. Filetarbeit mit fünf bildlichen Darstellungen: Kreuzigungsgruppe, Namenszüge: Jhs und Mar, fünf Wunden und Lamm Gottes. 2,15/2,10 m groß. Das Mittelstück 78/58 cm, die Seitenstücke 34/29 cm groß. (Abbildung unten.)

Hungertuch

Werne.

Lichtdr. von Dr. E. Albert & Co. München.

Aufnahme von B. Lübeck 1892.

Kirche.

1. Nordostansicht, 2. Südostansicht, 3. Innenansicht.

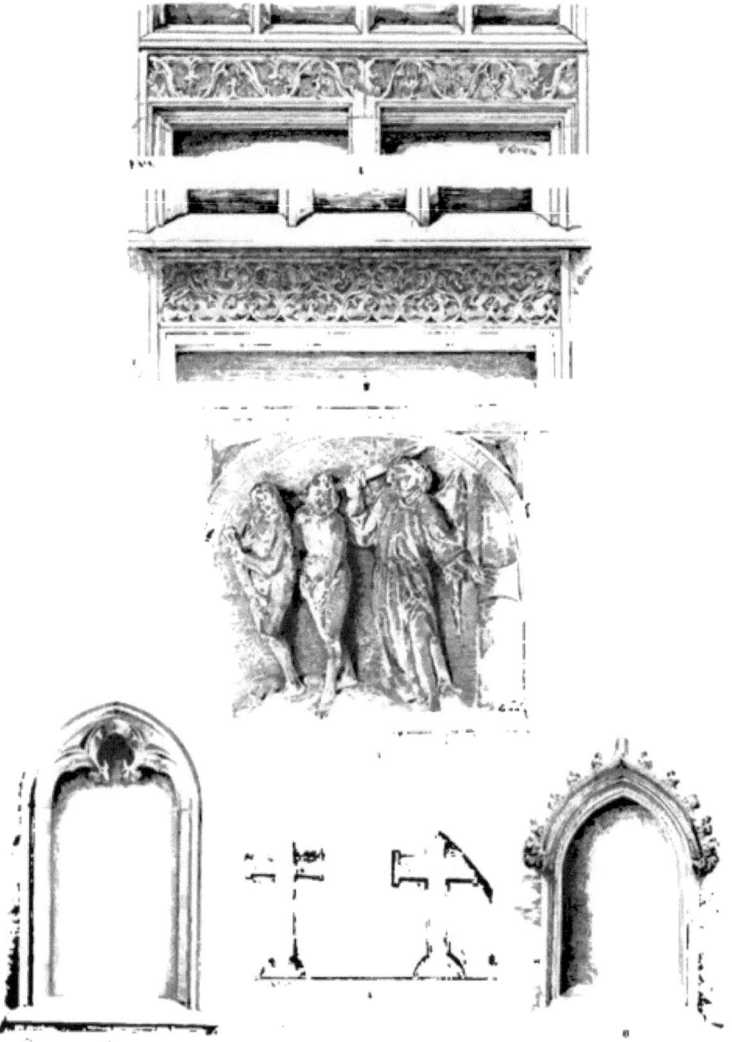

Lichtbr. von Dr. C. Albert & Co., München   Aufnahme von H. Ludorff, 1891.

Kirche.

1. und 2. Thürsturze des West- und Südportals, 3. Taufstein Detail, 4. Reliefstein, 5. Nische; 6. Heiligenhäuschen.

Werne.

Herm Läbingshaufen.

Kirdje

Aus- u. Innfchenfender com Weftfalen

Poryelmadonna.

Lichtdruck von Rommler & Jonas, Dresden

Reliquienbehälter.

Aufnahme vom Inftitut verworen 1872 und am 31. Colert. 1872

Werne.

Kreis Lüdinghausen

Neu- u. Kreisbaumeister von Wesseln

Lichtdruck von Römmler & Jonas, Dresden.

Aufnahme von K. Seibert 1901

Klosterkirche: Kelch.

Pfarrkirche: Tauffstein.

Werne.

Neue Lebensformen.

Haus am Markt

Zeichnung von H. Leberk. 1913

Dom- u. Ranklenbaukler von Westfalen.

Rathaus

Capelle.

Lichtdruck von Römmler & Jonas, Dresden.   Aufnahme v. A. Scheff 1891.

Kirche: Monstranz

Inhalts-Verzeichniß.

Alphabetisches Sachregister der Denkmäler-Verzeichnisse.